성서 히브리어 알파벳

하나님 언어 히브리어 알파벳

성경적 한글해석

초판 1쇄 발행 2023년 1월 27일

지은이 전보영
펴낸이 장현수
펴낸곳 메이킹북스
출판등록 제 2019-000010호

제작 전지
교정 안지은
마케팅 장윤정

주소 서울특별시 구로구 경인로 661, 핀포인트타워 912-914호
전화 02-2135-5086
팩스 02-2135-5087
이메일 making_books@naver.com
홈페이지 www.makingbooks.co.kr

ISBN 979-11-6791-319-7(03230)
값 20,000원

[성서 히브리어 강해 시리즈 1]

[성서 히브리어 알파벳]

הַדְּבָרִים עִבְרִי

(글쓴이 : 전 보 영)

서 문

먼저 아도나이 엘로힘께 감사와 영광을 돌립니다.

목회 46년을 하면서 성경 연구에 소홀히 하여 여기서 조금, 저기서 조금 세속화된 인본주의, 거짓된 진리와 세상 지식에 짜 맞추기식 설교와 성경공부를 가르치다가 15년 전에 하나님께서 성경 말씀 연구에 대한 책망과 더불어 회개하게 하시고 친히 히브리어를 통한 말씀을 공부하도록 이끌어 주셨습니다. 늦은 감이 있지만, 그 이후 15년 동안 히브리어 공부와 히브리어 성경 해석을 연구하면서 깨닫게 하신 히브리어 알파벳 22자를 출판하게 되었습니다. 히브리어 알파벳은 문자라고 많은 사람들이 말하지만 저에게는 하나님의 언어이며 **"예호바흐 나다"**라고 성령께서 말씀하셨습니다.

이 **알파벳 22자 속에는 두 가지로 나눠서 해석**하며, 이 알파벳 속에 감춰진 비밀을 본질과 속성들을 알아야 합니다. 그래야 히브리어로 기록된 성경 단어들을 바르게 해석할 수 있습니다.

알파벳 22자의 구성은 **첫째** "**א**(알렙)에서 כ(카프)"까지 **11자**는 **하나님의 속성(屬性)과 본질**의 의미를 나타내고 **두 번째** "ל(라메드)에서부터 ת(타브)"까지 **11자**는 **하나님의 사역하시는 도구와 방법** 등이 상형화된 글자와 (알파벳 14가지 속성)의미를 가지고 있습니다. 히브리어 첫 알파벳은 "**א**(알렙)"입니다. 우리말로 **"하나님"**이라고 해석합니다.

저는 히브리어를 대학원이나 박사과정에서 전문적으로 공부하지는 못한 부족한 목사입니다. 성서 히브리어를 신학교에서 4년 공부한 것과 10여 년 동안 서적과 인터넷으로 연구한 것뿐입니다. 이 과정에서 오직 하나님과 성령님의 가르치심과 인도하심과 기도로 준비하였습니다.

그리고 저에게 깨닫게 하신 **하나님의 본질과 사역하심에 대한 언어 22자 히브리어 알파벳**을 저술할 능력도 없는데 응원과 격려로 출판할 수 있었습니다. 이 사전을 출판할 수 있도록 격려와 용기를 준 사랑하는 홍경희 아내와 물심양면으로 출판하는 데 편집과 제작에 많이 힘써주신 리프로덕션 전지 대표와 부군 노주성 군과 출판 관계자 모든 분들께 감사드립니다.

여러 가지로 부족한 점이 많지만 성경 말씀 연구하시는 목사님들께 동기 부여와 자극제가 되실 것이라는 작은 소망으로 출판하게 되었습니다. 이 종을 피 값을 주고 사신 아도나이 엘로힘께 모든 영광을 돌립니다.

2022년 12월 30일

마라나타를 사모하며....

췔렘 공동체 전보영 목사

아래 QR코드를 스캔하시면,

본 교재의 온라인 강의를 들으실 수 있습니다.

- 차 례 -

[11자= ת:(타브)~ ל:(라멜) 하나님 사역과 (형상)회복]

[히브리어 알파벳 표]

11자= כ:(카프)~ א:(알렙) :하나님 본질과 속성과 성질											
11	10	9	8	7	6	5	4	3	2	1	순서
כּ	י	ט	ח	ז	ו	ה	ד	ג	בּ	א	문자
ך											소피
כּף	יוד	טית	חית	זין	וו	הא	דלת	גמל	בית	אָלף	원어
카프	요드	테트	헤트	자인	바브	헤	달렡	기멜	벧트	알렙	발음
권능	권세	지혜	생명	연장	못	호흡	휘장	짐	거처	θ님	의미
20	10	9	8	7	6	5	4	3	2	1	수값
팔	손	그릇 뱀	울타리	무기	갈고리	숨구멍	문	낙타	집	숫소	상형
kh	y	t	ch	z	v, w	h	d	g	b	a	로마
ㅋ	이	ㅌ	ㅋㅎ	ㅈ	ㅂ	ㅎ	ㄷ	ㄱ	ㅂ	묵음	음표

11자= ת:(타브)~ ל:(라멜) 하나님 사역과 (형상)회복											
22	21	20	19	18	17	16	15	14	13	12	순서
ת	שׁ	ר	ק	צ	פּ	ע	ס	נ	מ	ל	문자
				ץ	ף			ן	ם		소피
תו	שׁין	רשׁ	קוף	צדי	פּה	עין	סמך	נון	מים	למד	원어
타브	신	로쉬	코프	차데	페	아인	싸멕	눈	마임	라멛	발음
표시	올바름	우두 머리	거룩	낚시 바늘	명령	보다	잣대	법	사역	양육	의미
400	300	200	100	90	80	70	60	50	40	30	수값
✞	치아	머리	귀	코	입	눈	지주	물고기	물	막대	상형
t	sh	r	q	ts	ph		ss	n	m	L	로마
ㅌ	ㅅ	ㄹ	ㅋ	ㅊ	ㅍ	ㅇ	ㅆ	ㄴ	ㅁ	ㄹ	음표

[하나님 언어 히브리어의 비밀]

[하나님 언어 히브리어 개론]

히브리어 강해를 하기에 앞서서 "***왜!*** **히브리어를 알아야 하는가?**"에 대한 몇 가지를 먼저 살펴보아야 한다.

1. 하나님 말씀인 성경이 히브리어로 기록되었기 때문이다.

히브리어는 인간이 창조한 학문과 교리의 문자가 아니라 **"하나님께서 친히 쓰신 언어로서 א님 본질과 속성의 문자라 할 수 있다."** 이를 나타내는 문자는 **22자의 알파벳**으로 구성되어 있다. (히브리어는 오른쪽에서 왼쪽으로 읽는다.)

1st כּ:(카프)~א:(알렙) **11알파벳**은 하나님의 속성으로 본질과 성질과 성품의 의미를 가진 언어다.

2nd תּ:(타브)~ל:(라멘) **11자 알파벳**은 하나님의 사역으로 하나님의 창조적 본질 형상 회복을 위한 사역동사를 뜻하는 언어다.

2. 히브리어는 하나님(성령)의 언어다.

성경은 하나님 본질인 성령의 감동으로 기록한 두루마리로 되어 있다. 이는 고대에 글자가 없던 시절 글자 대신 하나님을 설명하시려고 그림의 상형 문자로 하나님의 말씀을 표시한 것이다. 그리고 하나님께서 친히 히브리어로 말씀하셨으며 시내 산에서는 친히 히브리어로 쓰신 십계명이 있다. 이렇게 쓰신 성경을 깨닫기 위해서는 오직 보혜사 성령의 능력이 아니고는 깨달을 수 없기 때문이다.

벧후1:20-21절 (20)너희는 먼저 이것을 알아야 한다. 곧 **성경의 모든 예언은 자기 마음대로 해석해서는 안 된다는 것이다. (21)예언은 언제든지 사람의 뜻으로 낸 것이 아니요 오직 성령의 감동하심을 입은 사람들이 하나님께 받아 말한 것임이니라.**
요14:26절 그러나 **보혜사, 곧 아버지께서 내 이름으로 보내실 성령께서는 너희에게 모든 것을 가르치시고 내가 너희에게 말한 모든 것을 생각나게 하실 것이다.**
고전2:4-13절 (9)기록되어 있기를 **"눈으로 보지 못하였고, 귀로 듣지 못하였고, 사람의 마음에 떠오른 적이 없는 것들을 하나님께서는 자신을 사랑하는 자들을 위하여 예비하여 주셨다."** 라고 하였다. **(10)하나님께서는 성령을 통하여 우리에게 계시하셨으니, 성령께서는 모든 것, 심지어 하나님의 깊은 것들까지도 통찰하신다**. **(13)**우리가 그것들을 말하되, **사람의 지혜로 가르친 말로 하지 않고, 다만 성령께서 가르치신 말씀으로 하니, 곧 영적인 것을 영적인 것으로 설명하는 것이다**.
딤후3:16-17절 (16)모든 성경은 하나님의 영감으로(성령의 역사) **된 것으로**, 교훈과 책망과 바르게 함과 의로 교육하기에 유익하니, **(17)**이는 **하나님의 사람으로 온전하게 하며 모든 선한 일을 위하여 준비되게 하려는 것이다**.
계2:7,11,17,29절~3:6,13,22절에 **7교회들에게 "귀있는 자는 성령께서 하시는 말씀을 들을 지어다." 성령 충만함으로 경성하지 않으면 마지막 때에 계시의 성취하실 말씀을 깨닫지 못하게 된다.** 그러므로 오직 성령 충만한 거룩한 신부들로 단장되어 있어야 한다.

3. ℵ님의 성경 말씀은 감춰진 히브리어 비밀로 되어 있다.

우리가 사용하는 성경은 히브리어 성경을 1,600여 년 전에 70인 히브리어 학자들로 인하여 헬라어로 번역하였고, 헬라어를 라틴어로, 헬라어와 라틴어에서 영어로, 영어에서 중국어로, 중국어에서 한국어로 번역하여 지금까지 사용하고 있다. 또한 처음에는 한글개역성경에서 공동체번역으로, 다시 개역성경으로, 그리고 지금 현재 개역 개정으로 수정 보완하여 사용하고 있다. 이런 과정을 통해서 히브리어 본질의 성경들을 시대와 한국 문화적 현실에 맞도록 해석하고 또한 히브리어 정통적 복음에 대한 오류로 이를 바로 잡아야 할 내용들이 많이 발견되고 더 나아가서 1990년대 들어 인터넷의 보급으로 성경 히브리어를 많이 접하게 되므로 바르게 해석하는 성경학자들과 목회자들이 나타나게 되었다.

그 가운데 저자도 하나님께서 히브리어를 허락하셔서 공부하게 하신 목회자 중 한 사람으로 15년 전부터 하나님의 계시와 보혜사 성령의 가르치심으로 히브리어를 공부하여 이렇게 여러분을 만나 히브리어를 전하게 되었다.

골2:2-4절 (2)이는 그들이 사랑 가운데 연합하여 마음에 위로를 얻고 깨달음에서 오는 넘치는 확신에 이르며, **하나님의 비밀인 그리스도를 온전히 알게 하려는 것이다. (3)예슈아 안에는 지혜와 지식의 모든 보화가 감추어져 있느니라**. **(4)**내가 이것을 말하는 것은, 아무도 교묘한 말로 너희를 속이지 못하게 하려는 것이다.
호4:6절 내 백성이 지식이 없으므로 망한다. 네가 지식을 버렸기 때문에 나도 너를 버려 내 제사장이 되지 못하게 하고, 네가 네 하나님의 율법을 잊었으므로 나도 네 자녀들을 잊을 것이다.
엡1:3-9절 (3)찬송하리로다. 하나님 곧 우리 주 예수 그리스도의 아버지께서 **그리스도 안에서 하늘에 속한 모든 신령한 복으로 우리에게 복 주시되 (4)곧 창세 전에 그리스도 안에서 우리를 택하사 우리로 사랑 안에서 그 앞에 거룩하고 흠이 없게 하시려고 (5)그분의 기뻐하시는 뜻을 따라 우리를 예정하시어 예수 그리스도로 말미암아 그분의 아들로 받아들였으니,** **(9)그리스도 안에서 미리 세우신 그분의 기뻐하시는 의도를 따라 그분의 뜻의 비밀을 우리에게 알리셨으니,**
엡1:17-19절 (17)우리 주 예수 그리스도의 하나님, **영광의 아버지께서 지혜와 계시의 영을 너희에게 주시어 하나님을 알게 하시고, (18)**너희의 마음의 눈을 밝히셔서, 그분의 부르심의 소망이 무엇이며 성도 안에 있는 그분의 유업의 영광의 풍성함이 무엇인지, **(19)**그분의 강력한 능력의 역사하심을 따라 믿는 우리를 위해 베푸신 그분의 능력의 지극히 크심이 무엇인지 너희가 알게 되기를 기도한다.
엡3:3-9절 (3)곧 계시로 내게 비밀을 알게 하신 것은 내가 이미 대강 기록함과 같

으니 **(4)이것을 읽으면 그리스도의 비밀을** 내가 깨달은 것을 너희가 알 수 있으리라. **(5)이 비밀은,** 지금 성령 안에서 사도들과 선지자들에게 계시된 것처럼, 다른 세대에서는 사람의 아들들에게 알려지지 않았다. **(6)그것은 이방인들이 복음으로 말미암아 그리스도 예수님 안에서 함께 상속자들이 되고, 함께 지체들이 되고 함께 약속에 참여하는 자들이 되는 것이다.**

(9)만물을 창조하신 하나님 안에 영원 전부터 감추어져 있던 비밀의 경륜이 어떠한지 모두에게 밝히게 하시려는 것이다.

4. 히브리어 성경 해석하는 방법

히브리어 성경은 **정육각형 14면체**를 보는 것과 같다. 아래 해석 방법들은 유대 랍비들의 전승에 의한 방법들이다.

1) 사전적 해석 : 현대 히브리어 생활 언어 해석 관점.
2) 관용적 해석 : 유대 전통적 해석 방법.
3) 유래 : (파자)파생적, 동의어적, 해석 방법. 비유와 은유적 표현.
4) 게마트리아 : 숫자 값에 의한 동의어 해석.
5) 복음적 해석 : 감춰진 비밀로서 성령의 감동으로 해석.

성경은 70권으로 내용의 배경과 장소와 대상과 시간(절기)은 모두 유대 이스라엘 땅과 민족을 중심으로 한 하나님의 계시와 성취로 해석하여야 한다.

5. 히브리어 성경 종류 70권

[구약] = 계시 언약 38 + 시편 5권 = **43권**
[신약] = 언약 성취 26권 + 계시 언약 완성 1권(계시록) = **27권**
= 43권 + 27권 = 합 70권

6. 히브리어 알파벳 22자 3가지 속성

1st : כּ:(카프)~א:(알렙) 하나님 속성, 본질, 성품, 11알파벳

11	10	9	8	7	6	5	4	3	2	1	순서
כּ	י	ט	ח	ז	ו	ה	דּ	ג	בּ	א	문자
카프	요드	테트	헤트	자인	바브	헤	달렛	기멜	벧트	알렙	
팔	손	그릇	울타리	무기	갈고리	숨구멍	문	낙타	집	수소	상형
권능	권세	지혜	성막	도구	연결	호흡	출입	겸손	거처	하나님	의미

2nd : תּ:(타브)~ל:(라멛) 11자 알파벳: 하나님의 창조적 사역

22	21	20	19	18	17	16	15	14	13	12	순서
תּ	שׁ	ר	ק	צ	פּ	ע	ס	נ	מ	ל	문자
타브	쉰	레쉬	코프	차데	페	아인	싸멕	눈	멤	라멛	
표시	치아	머리	귀	코	입	눈	잣대	물고기	물	막대기	상형
십자가	불	불	듣다	의義	언어	보다	측량	백성	말씀	양육	의미

3rd : 알파벳 구성 7문자: ר:(레쉬)~דּ:(달렛): א님 본질, 속성

알파벳	상형	의미	구성된 연동 문자
דּ:(달렛)	문	양의 문	ה, תּ
ו:(바브)	갈고리	못, 거듭남	א, שׁ, ס, נ, מ, ל, ט, ח, ז, ג, בּ
ז:(자인)	무기	창검, 쟁기	ח, ט, נ, ע, ק
י:(요드)	손	권세, 예호바	א, ג, דּ, ה, ו, ז, ע, פּ, צ, שׁ
כּ:(카프)	(굽은)팔	권능, 재능	י, ל, מ, פּ, ק
נ:(눈)	물고기	씨앗, 자녀	צ, תּ
ר:(레쉬)	머리	우두머리, 아들	דּ, ק, ו

[히브리어 발음 기호]

<table>
<tr><th>모음</th><th>장모음</th><th>중모음</th><th>단모음</th><th colspan="2">합성 모음</th></tr>
<tr><td>아</td><td>ㅜ
(카메츠)</td><td>ㅡ
(파타흐)</td><td rowspan="3"></td><td>아</td><td>-:</td></tr>
<tr><td>에</td><td>‥
(쩨레)</td><td>∵
(세골)</td><td>에</td><td>∵:</td></tr>
<tr><td>이</td><td>י.
(히렉요드)</td><td>(히렉)
•</td><td colspan="2"></td></tr>
<tr><td>오</td><td>וֹ
(홀렘바브)</td><td>•
(홀렘)</td><td>ㅜ
(카마츠하툼)</td><td>오</td><td>ㅜ:
(하텝카마츠)</td></tr>
<tr><td>우</td><td>וּ
(슈렉)</td><td>…
(키부츠)</td><td></td><td></td><td></td></tr>
<tr><td>세바
(세와)</td><td>:
(세바)</td><td colspan="2">세바의 개음절 : 장모음일 때 “에” 발음을 낸다.</td><td colspan="2">세바의 패음절 : 단모음일 때 으, 또는 묵음이 된다.</td></tr>
</table>

[히브리어 문장 구조]

1\. **우리나라 한글** 문장 구조 **“나는 밥을 먹었다.”** : **주어(S) 목적어(O) 동사(V)** 순이다.

- 나는(주어-**S**) 밥을(목적어-**O**) 먹었다(동사-**V**). 누가 무엇을 어떻게 했나?에 중요함을 둔다.

2\. **영어**(인도 유러피언 언어) 문장 구조 **“나는 먹었다 밥을”** : **주어(S) 동사(V) 목적어(O)** 순이다.

- 영어나 헬라어 시작은 중국-인도-유럽 지역에서 사용하는 **“인도 유러피언 언어”** 어순의 구조이다.

3\. **히브리어** 문장 구조 **“먹었다. 나는 밥을”** : **동사(V) 주어(S) 목적어(O)** 순이다.

- **먹었다**.(동사-V) **나는**(주어-S) **밥을**(목적어-O) **동사에** 중요함을 둔다.
- 히브리어는 **“셈어”**로 분류되어 기본어원 면에서 동사로부터 명사, 형용사, 목적어가 파생되어 있다. 문장 시작도 동사부터 시작된다. 그렇다 보니 **“동사의 변화”**가 많다.

하나님 언어의 비밀

[히브리어 알파벳 구성]

הַדְּבָרִים עִבְרִי 22 자.

[1st] :"כּ:(Kaph)"~"א:(Aleph)" **11 알파벳.**

: **하나님 본질**(속성과 성질과 성격과 성품)

(The nature and attributes of God)

[2nd] :"ת:(Tave)"~"ל:(Lamed)" **11 알파벳.**

: **하나님의 사역**(한 새사람 회복)

(1) 형상 회복 (2) 바라크 회복

אלף

"א" :[0504] אלף(알렙)

(1) [구성] "א:(알렙)"의 구성은= י:(요드)여호와, 권세, + ו:(바브)거듭남, 변화함 + י:(요드) 권세. 손. ="거듭나게 할 권세의 예호바"를 뜻한다.

※ [주(註)] ו:(바브)는 י:(요드)여호와께서 사람과 연결하시려고(죄로 못 박히시려) 땅에 내려오신 실재하신 분을 뜻하고 있다.

※ ([히·역] 요1:14절 말씀이 인간이 되어 우리 가운데 함께 사셨고, 우리는 그분의 영광을 보았는데, 그 영광은 아버지로부터 외아들의 영광이었고, 은혜와 진리가 충만하였다.)

(2) "א:(알렙)" **발음**은 묵음이지만 모음일 때는 "**ㅇ**"으로 소리 냄.

[분해] אלף:(알렙) : א(지도자. 하나님. 왕. 아버지)- ל(양육. 교육)- ף(입. 명령. 말씀)

:-말씀으로 (양육)가르치시는 유일하신 아버지를 "**אֶלֶף-알렙**"이라 한다.

(3) [사전] 수소. 유일함. 처음. 지도자. 왕. 아버지. 조상.

"א:(알렙)"은 고대 상형 문자로 "**수소 & 황소 & 힘**"을 상징한다. 하며, 고대 애굽-갈대아-인도까지 **신을 상징하는 짐승**(우상 : 마음 안에 있는 신상)으로서 "**주인. 리더. 힘. 첫째. 하나님**"의 의미로 사용하였다.

※ [주(註)] 이런 해석은 복음적 진실을 범신론적으로 세속화한 우상적 의미로 다원적 의미를 갖기에 비성경적 해석이라 할 수 있다.

(4) [복음적 해석]

성경에서 "**수소**" 의미는 참고 도표와 같이 은유적 상형 문자의 의미로 "**하나님, & 번제물. 화목제물. 속죄를 위한 희생 제물**"을 드린 것으로 기록되어 있다. 또한 제사장 임직 제사 헌신 제물로 수소를 드렸다. (친히 속죄를 위한 희생 제물 되시려 **수소**로 형상 표현하심)

계시	**토라의 언약**	**언약의 성취**	**언약의 예배**	**언약의 완성**
수소	**속죄 제물**	**십자가의 희생**	**산 제물**	**새 예루살렘**
제물	수소&어린양	예슈아	예수님 지체	신부들
언약	가죽옷 (창3:21)	구원의 옷 (사61:14)	예수님의 옷 (롬13:27)	12 기초석 (계21:19-20)
참조 성경	-레1:3절/3:1/ 출29:1 -언약: 창17:1-8	-창1:1절 7단어 -히9:20	-엡3:3-6 -엡5:7-9	-계21:1-7 -계22:10-15

(5) [게마트리아] : 숫자 값. 수리학(數理學)

① **"א:**(알렙) **숫자 값"**은 **1**(유일함. 으뜸. 첫째.)과 **1,000**이다. ② **1,000**을 상징하는 의미는 **"무한성과 영원성과 전체성"**을 뜻한다. 그러므로 **1**이면서 동시에 **1,000**을 상징한다. ③ 또한 **"복합적 단일성"** 의미로 전부를 대표하는 의미로 **하나** :[אֶחָד:(에하드)]라는 의미를 뜻하기도 한다. ④ **1**은 시작의 언어다.

<숫자 값과 연동된 같은 뜻의 단어들>

א(알렙)(숫자 값) י:(요드)**10** + ו:(바브)**6** + י:(요드)**10** = **26** = יְ:(요드)**10** + ה:(헤)**5** + ו:(바브)**6** + ה:(헤)**5** = **예호바** = ל:(라멘) **구성** = ו:(바브)**6** + כ:(카프)**20** = **26** 값이 같다. 동일한 의미
אלף:(알렙)(숫자 값) **ף(80)** **ל(30)** **א(1)** = **111** = **א(1)** **ל(30)** **ף(80)** = **פלא**:(팔레아) **기묘자. 놀라움**(사9:6)

<אָלַף:(알라프) 단어군>

① [어근:0502] אָלַף:(알라프) : -~와 사귀다(농경 사회라 소의 비중이 컸다). **배우다, 본받다, 교육 받다, 가르치다.** (길들여지다)라는 뜻으로 사용. (소는 주인과 함께 지내며(사귀며), 주인의 성품을 배우며 살아간다.)

② [0503] אָלַף :(알라프) : -1,000의 숫자 값. 천 배로 만들다. 수천(數千)을 산출하다. 영원성을 의미한다.

③ [0504] אֶלֶף, :(엘레프) : -가족. (길들이다, 라는 의미에서)황소. 암소.

④ [0001] אב:(아브) : -아버지. (호격)아바. (비유)조상.

⑤ [0410] אֵל :(엘) : -하나님. 강한 자. 힘. 능력. 권능.

[의미] 양육하시는 하나님. 가르치시는 하나님.

⑥ [0853] את :(에트): -א님 자신. **처음:** א(알렙)**과 나중:**ת(타브) =A(알파)와 Ω(오메가).

⑦ [0430] אֱלֹהִים:(엘로힘) : -하나님.(대하여 복수로 관사와 함께 사용됨) 일반적으로 "신들."이라 함. **[복음] 생령**(영생)**에 이르도록 능력의 말씀으로 양육하시는 분을 "**אלהים(엘로힘)"이라 한다.(창1:1절, 시109:1절, 욘4:6절)

(6) [알파벳 적용 성경 말씀]

"수소" :[0504] אֶלֶף,:(엘레프) :-수소, 황소, 가족

신1:3절 그 예물이 **소의 번제이면 흠 없는 수컷으로** 회막 문에서 여호와 앞에 기쁘게 받으시도록 드릴지니라,
신3:1절 사람이 만일 **화목제의 제물을 예물로 드리되 소로 드리려면 수컷이나 암컷이나 흠 없는 것으로** 여호와 앞에 드릴지니

"유일함" :[0259] אֶחָד,:(에하드) :-(א님은)**한 분, 하나 됨, 오직 한 분**

신6:4절 이스라엘아 들으라. 우리 하나님 여호와는 오직 유일하신(하나이신) **여호와이시니**
엡2:16절 또 십자가로 그 원수 되게 하는 것을 죽이사 **친히 십자가로 이 둘을 한 몸으로 하나님과 화해하게 하려 하심이라.**
엡4:3-6절 (3)화평의 매는 띠로 **성령이 하나 되게 하신 것**을 힘써 지키라. **(4)몸이 하나요 성령도 한 분이시니** 이와 같이 너희가 부르심의 한 소망 안에서 부르심을 받았느니라. **(5)주도 한 분이시요 믿음도 하나요 세례도 하나요. (6)**하나님도 한 분이시니 곧 만유의 아버지시라 만유 위에 계시고 만유를 통일하시고 만유 가운데 계시도다.
계21:22절 또 내가 그 안에서 성전을 보지 못하였으니 이는 주 하나님 전능자와 어린양께서 그 성전이심이라.

"아멘" :[0543] אָמֵן:(아멘) : -참으로, 아멘, 그렇게 되어지이다, 진실, 정말로, 확신

렘28:6절 선지자 예레미야가 말하니라 아멘, 여호와는 이같이 하옵소서 여호와께서 네가 예언한 말대로 이루사 여호와의 성전 기구와 모든 포로를 바벨론에서 이곳으로 되돌려 오시기를 원하노라

"남자" :[0376] אִישׁ:(이쉬) : -남자, 남편, 인간, [부] 서로, 쌍방, 피차, 균등하게, 무릇

창2:23절 아담이 이르되 이는 내 뼈 중의 뼈요 살 중의 살이라 이것을 **남자에게서** 취하였은즉 여자라 부르리라 하니라.

"여자" :[0802] אִשָּׁה:(잇샤) : -여자, 아내, 여인, 부인, 어머니, 과부, 미망인, 첩, 기생

창2:22절 여호와 하나님이 아담에게서 취하신 그 갈빗대로 **여자를** 만드시고 그를 아담에게로 이끌어 오시니

“말씀하시다” :[0559] אָמַר:(아마르) : -이르시다. 말씀하시다. 명령하시다. 전하다. 간청하다. 권고하시다. 언급하다.

출20:1절 하나님이 이 모든 말씀으로 말씀하여 이르시되

“진리” : [0571] אֱמֶת:(에메트) : -바름, 진실함, 진리, 참됨, 참. 진정함, 옳음

창32:10절 나는 주께서 주의 종에게 **베푸신 모든 은총**과 모든 **진리를** 조금도 감당할 수 없사오나 내가 내 지팡이만 가지고 이 요단을 건넜더니 지금은 두 떼나 이루었나이다.

“아론” :[0727] אָרוֹן:(아론) : -상자. 법궤, (언약)궤.

출25:10절 그들은 조각목으로 궤를(아론) 짜되 길이는 두 규빗 반, 너비는 한 규빗 반, 높이는 한 규빗 반이 되게 하라.

בית

"ב" [1004]: בַּיִת:(벧트)

(1) [구성] ב:(벧트)= ו:(바브)**연결-** ו:(바브)**못-** ו:(바브) **거듭난 자들의 거처 =**

א님의 거처, 생명의 집. 부활의 집. 거듭난 자들의 집. & 언약의 집.

= **새 예루살렘**(계21:1-7절) **"집. 거처"**라는 개념은 א님 **나라, 왕국, 천년 왕국, 새 예루살렘 성**을 가리킨다.

(2) [사전] [1004] בַּיִת:(바이트) (상형 문자) [명] **집. 거처. 장막. 나라. 성전. 성읍.** [동] (집을)**건축하다. 건설하다. 세우다.**

[분해] ב(집. 거처. 왕국. 마음)- י(손, 권세. 권위)- ת(십자가, 표. 언약)

:-하나님 거처 건축을 십자가로 완성함을 **"바이트"**라 한다.

[א님 거처의 변천사]

Eden (에덴)	Tent (성막)	sanctuary (성전)	Psychic holy spirit (심령 성전)	Holy community (거룩한 공동체)	New Jerusalem (새 예루살렘)
θ님 거처	**θ님 임재**	**언약의 모형**	**성령의 거처**	**J님 몸**	**12기초석**
엡2:20-22절 (20)너희는 사도들과 선지자들의 터 위에 세우심을 입은 자라 그리스도 예수께서 친히 모퉁이 돌이 되셨느니라. (21)그 안에서 건물마다 서로 연결되어 주님 안에서 함께 성전이 되어 가고 **(22)**너희도 성령 안에서 하나님의 거하실 처소가 되기 위하여 예수 안에서 함께 지어져 가느니라.					

(3) [게마트리아] (숫자 값) : - **2. 둘. 갑절. 연합.** (θ님 사역 목적과 성취 대상 장소이다.) / [8147]: **שְׁנַיִם**:(쉐나임) ;-**둘**. 이. **2**(연합).(아담과 하와를 만들어 "**둘이 한 몸**" = 메시아와 신부가 하나 되어 "**둘(2)**"을 뜻함. =한 쌍.) **두 번째**.

"**둘 : שְׁנַיִם**:(쉐나임)" =**[분해]** שׁ(쉰)아래**땅**(올바른. 300)- נ(눈)물고기(성도. 50)- י(요드)손(권능. 10)- ם(멤)물(말씀) :-(육신)땅을 올바르도록 하는 성령 충만할 권능의 말씀과 연합할 수(數)를 "**שְׁנַיִם**:(쉐나임)"이라 한다.

① [1005] **בַּיִת**:(바이트) :(전치사) **~안에, ~위에,** in. "**집안에**"

② [발음] "**ㅂ/ B**."로 발음.

③ "**집, 거처**"라는 숫자 개념은 **2**(둘)이다. 그리고 히브리 성경적 관점으로 "**둘**"이 아니라 "**하나 : אֶחָד,**:(에하드)"라는 공동체적 연합의 의미가 크다. **둘**이 반드시 **하나**가 되어야 하는 관계를 뜻하는 것으로 = 남편과 아내, 아버지와 아들, 부모와 자녀, 메시아와 백성들 관계로 둘이 아니라 하나라는 공동체적 의미를 뜻한다.

④ "**בּ**"는 "**א**"과 깊은 연관 관계가 있다. 히브리어 시작의 단어가 "**אָב**:(아브) **아버지. 조상. 하나님**"이며, 집의 우두머리라는 뜻도 있다.

⑤ "**בּית** :(벧트)" 숫자 값은 **412** = ב(2) + י(10) + ת(400) = **האות**:(하오트) :ה(5) + **א**(1) + ו(6) + ת(400) = **412**와 같은 숫자 값으로 **증거**. **징표**라는 뜻이 감춰져 있다.

ב:(벧트)(숫자 값) ו:(바브)**6** + ו:(바브)**6** + ו:(바브)**6** = **18** = ח:(헤트)**8** + י:(요드)**10** = חי:(하이)**생명**

(4) בּ֫ית :(벨트) : ① **응답의 집**(בֵּית־עֲנוֹת :아노트-베이트)(수19:38, 성읍) **θ님의 집**(בֵּית־אֵל:(엘-벧)) ② **[동사]** [어원:1129] בָּנָה :(바나) **짓다. 세우다**.(창 2:22절 만드시고, (아담)집을 지으시고) ③ בּ֫ית :(베이트)의 유대인들의 개념은 성전을 생각한다. 기원은 בְּרֵאשִׁית:(베레쉬트)에서 시작된다. 단어를 나누면 בּ֫ית:(베이트)-רֹאשׁ:(로쉬) =로쉬바이트 **:집의 머리**가 된다. 즉 하나님의 거처를 뜻한다.

(5) [단어 풀이]

① "בּ:(베이트)"(타나크의 첫 단어) "בְּרֵאשִׁית:(베레쉬트)"에는 "בּ:(베이트)"의 알파벳이 합성되어 있다. 첫째 의미는 "**하나님의 거처. 집. 성전.**"을 뜻하고 두 번째는 "**집의 주인. 우두머리. 독생자 아들**"이라는 뜻이 감춰져 있다.

② "**안식**" [7673] שָׁבַת(샤밧)"안식하다. 안식일을 뜻하는 단어인데 단어 중심에 "בּ"가 있다. 이유는 "**땅을 올바르게 할 표시의 중심은 하나님의 집,** (성전)**거처**"라는 뜻이기 때문이다.

③ "**언약**" [1285] בְּרִית:(베리이트) -"**언약을 맺다**"는 창세기 **15장**에서 하나님과 아브라함의 언약을 맺으실 때에 "**10절** 아브람이 이 모든 것을 가져와서 그것들의 **가운데를 쪼개고, 그 쪼갠 것을 서로 마주 보게 놓았으나 새는 쪼개지 않았다.**"에서 유래되어 **18절**의 **언약의 표징**이 되는 단어로서 "בְּרִית:(베리이트) **자르다**"에서 유래되어 **계약, 언약, 조약, 서약.** 연동된 의미로 **동맹, 연합, 연맹**을 뜻한다.

※ [주(註)] **א**님께서 언약하실 때 언약 고기 자른 '**조각들**' 사이로 지나감으로 맺어지다, 로서 "**자르다**"에서 파생되었다.

④ **"바알"** [원형:1166] בַּעַל:(바알) =[1167] בַּעַל':(바알) ⇨ [1077] בַּל':(발)-[0894] בָּבֶל;:(바벨) **"환란" 바벨론** ⇨[1101] בָּלַל:(발랄) **"혼란하다." 혼합하다, 섞다, 더럽히다. 뒤죽박죽하다. 혼동하다.** 이렇게 בַּעַל:(바알)이 변화된 연동된 단어다.

히브리어 원어를 이렇게 복음적으로 해석하여야 바르게 성경을 깨닫게 된다.

(6) [알파벳 적용 성경 말씀]

"א님의 전(殿)**"** : [1004] בַּיִת:(바이트) : **-집, 궁전, 거처, 전(殿)**

출23:19절 네 토지에서 처음 거둔 열매의 가장 좋은 것을 가져다가 너의 **하나님 여호와의 전에 드릴지니라.** 너는 염소 새끼를 그 어미의 젖으로 삶지 말지니라.
왕상6:1절 이스라엘 자손이 애굽 땅에서 나온 지 사백팔십 년이요 솔로몬이 이스라엘 왕이 된 지 사 년 시브월 곧 둘째 달에 솔로몬이 **여호와를 위하여 성전 건축하기를 시작하였더라.**
고전3:16-17절 (16)너희는 너희가 하나님의 성전인 것과 **하나님의 성령이 너희 안에 계시는 것을 알지 못하느냐? (17)**누구든지 하나님의 **성전을 더럽히면 하나님께서 그를 멸하시리니 하나님의 성전은 거룩하며 너희가 곧 그 성전이니라.**

"여호와의 집" : [1005] בַּיִת:(바이트) : -א님의 집. 아들의 집.

렘 7: 2-12절 (10)내 이름으로 일컬음을 받는 이 집에 들어와서 내 앞에 서서 말하기를 우리가 구원을 얻었나이다 하느냐 이는 이 모든 가증한 일을 행하려 함이로다. **(11)**내 이름으로 일컬음을 받는 **이 집이 너희 눈에는 도둑의 소굴로 보이느냐?** 보라 나 곧 내가 그것을 보았노라 여호와의 말씀이니라.
왕상 8: 13절 내가 참으로 **주를 위해 거하실 집을 건축하였사오니** 곧 주께서 **영원히 거하실 안정된 처소로소이다.**

"의복" : [0899] בֶּגֶד:(베게드) : -의복, 성의, 예복, 왕의 옷, 속옷, 겉옷, 베옷

창24:53절 은 보석과 금 보석과 **옷을 가져와** 리브가에게 주고 그녀의 오라비와 어머니에게도 귀한 것들을 주니라.

"악함" : [1100] בְּלִיַּעַל:(벨리아알) :-[1097] בְּלִי:(벨리)과 [3276] יַעַל:(야알)에서 유래함 : -악함, 불량함, 사악함, 망령됨, 비열함, 무익함

삼상1:16절 당신의 여종을 **벨리알의 딸로** 여기지 마소서. 내가 지금까지 많은 원망과 슬픔 속에서 말하였나이다, 하매

"아들" : [1121] בֵּן:(벤) :-자식, 아들, 자손, 후손, 족속, 동족

창4:17절 아내와 동침하매 그가 임신하여 에녹을 낳은지라 가인이 성을 쌓고 그의 **아들의 이름으로** 성을 이름하여 에녹이라 하니라.

"건축하다" : [1129] בָּנָה:(바나) :-건축하다. 세우다. 쌓다. 증축하다. 건설하다. 중건되다. 짓다.

출1:11절 감독들을 그들 위에 세우고 그들에게 무거운 짐을 지워 괴롭게 하여 그들에게 바로를 위하여 국고성 비돔과 라암셋을 **건축하게 하니라**

"바알" :[1167] בַּעַל:(바알) :-남편. 주인. 임자. 어른. 소유자. 주권자. 바알(호2:16)

호2:16절 여호와께서 이르시되 그 날에 네가 **나를 내 남편이라** 일컫고 **다시는 내 바알이라** 일컫지 아니하리라.

"창조" :[1254] בָּרָא:(바라) : -창조하다. 만들다. 짓다. 행하다.

창1:1절 태초에 하나님이 천지를 **창조하시니라.**

"언약" :[1285] בְּרִית:(베리트) : -언약. 약속. 계약. 조약. 서약.

창9:9절 보라, 나 곧 내가 **내 언약을 세우되** 너희와 너희 뒤를 이을 너희 씨와

"복(福)" :[1288] בְּרִית:(베리트) : -복을 받다. 복이 있다. 축복하다. **[원형]** 복을 구하다. 무릎 꿇다. 경배하다. 찬양하다. 꿇어 엎드리다. 절하다.(대하6:13절) 송축하다.

창1:28절 하나님이 그들에게 **복을 주시며** 하나님이 그들에게 이르시되 생육하고 번성하여 땅에 충만하라, 땅을 정복하라, 바다의 물고기와 하늘의 새와 땅에 움직이는 모든 생물을 다스리라 하시니라

"새 신부" :[1330] בְּתוּלָה:(베툴라) : -처녀. 새신부(욜1:8절). 공주.

창24:16절 그 소녀는 보기에 심히 아리땁고 지금까지 남자가 가까이하지 아니한 **처녀더라.** 그가 우물로 내려가서 물을 그 물동이에 채워 가지고 올라오는지라.

גמל

"ג" :[1581] גִּמֶל:(기멜)

(1) [구성] ז:(자인) + י:(요드) = **무기를 쥔 여호와**(예수님)/ 활. 낫. 낙타가 무릎을 꿇고 있는 상형 문자이다.

(2) [사전] (상형)**낙타. 무릎 꿇다. 올려주다.** (가난한 자 돕는 부자. 다리. 높여주는 자.)

① 성경적으로 무릎을 꿇고 있는 상형은 **"복종. 순종. 겸손. 회개. 굴복"**을 의미하는 모습으로 보고 있다.

② 또한 낙타의 기능으로 상형화하면 **"짐을 지다. 사람을 태우다. 들어 올리다."** 등으로 이해를 할 수 있다.

③ **[동]**(진리를)**이동하다. 배치하다**. (십자가)**나무 토막에 던져지다.** (아들로)**높이 올리다.** (하나님께로)**위로 올리다.**

(3) [원형:1580] גָּמַל:(카말) :-[동] **섬기다. 짐을 지다. 보상하다. 은혜 주다. 일으키다**(Cause).

[분해] ג(낙타-높이다. 들어 올리다.)- מֶ(물-말씀. 연단)- ל(지팡이. 양육. 교육) ;-(끌어 올려)높이기 (휴거. 부활)위해서 말씀으로 가르치는 것을 "גָּמָל :(카멜)"이라 한다.

"낙타의 속성"은 겸손의 왕의 능력으로 오시며 그리스도 영으로 오셔서(θ님의 영/아들의 영)(사53:1-8절) 우리 안에 거하셔서 θ님의 유업을 받을 상속자 되게 하시는 복음적 알파벳이다.(롬8:5-17절)

(4) [게마트리아] גִּמֶל:(기멜)(숫자 값) **3** :-(성삼위 셋째)**성령. 성삼위. 삼겹줄. 높이다.**

① **"타나크**(구약성경)"의 **3중 파트**를(사역을) 의미한다. **"토라**(모세오경), **느비딤**(선지서), **케투빔**(성문서)"을 연합하는 조화를 가리키고 있다. 다시 설명하면 **"하나님의 말씀"**은 **3가지 특성**이 **"א님의 본질"**과 하나로 조화하며 구성하여 **경배하며, 순종하며, 사랑하고 겸손하며** 모든 죄의 **짐을 지는 사역**을 하도록 구성하는 말씀을 의미한다.

② **"연합. 결합. 혼합. 융합"**의 [원형:3867] לָוָה:(라바) [전] בְּ:(벧트) =[칼동·여분] בְּלוּלָה:(베룰라)**결합. 연합**의 숫자 값 **73**과 גִמֵל:(기멜)의 숫자 값이 **73**과 같다. 그러므로 기멜의 속성과 기능이 같은 동의어로 해석하기도 한다. (신부의 본질은 순종과 경배와 사랑과 겸손이다)

גִמֵל:(기멜)**낙타:** ל:(30) מ:(40) ג:(3) =73= ה:(5) לָ:(30) ו:(6) ל:(30) בְּ:(2) : בְּלוּלָה:(베룰라) [레2:5, 7:10]

(5) [복음] (죄)**짐을 지다.** (성령충만)**올려주다. 보상하다. Carry**(운반. 나르다)

(6) 유대적 순서의 해석 **-아버지**께서 : **א**(알렙)⇨ **아들** 보내시고 : **ב**(벧트)⇨ 아들은 **성령** 보내시고 : ג(기멜) 성령께서는 **하나님 나라의 문** 안에 거할 수 있는 능력을 의미한다. 즉 히브리어는 순환적으로 연동되는 단어이며 연결하여 해석하도록 되어 있다.

요16:8절 그가 와서 죄에 대하여, 의에 대하여, 심판에 대하여, 세상을 책망하시리라. **"대하여"**(순환적 알파벳) [0899] בֶּגֶד:(베게드) : **덮어 주다./ 옷. 의복. 겉옷./ 기만. 속임수.**(외식의 옷) (히) **구원의 옷** : יֵשַׁע :(예샤)־בִּגְדֵי:(비그데) **신부가 신랑을 위한 신부단장 옷.** (사61:10절)

(7) [단어 풀이]

① **"구속"** :[1350] גָּאַל:(가알) : **-속량하다. 구원하다. 되찾다. 건지다.**

"속량하리라" : 출6:6절 그러므로 이스라엘 자손에게 말하기를 나는 여호와라 내가 애굽 사람의 무거운 짐 밑에서 너희를 빼내며 그들의 노역에서 너희를 건지며 편 팔과 여러 큰 심판들로써 **너희를 속량하리라.**

② **"높다"** :[1361] גָּבַהּ (가바흐) : **-높다. 올려지다. 교만하다. 거만하다.**

"존귀" : 사52:13절 보라 내 종이 형통하리니 받들어 **높이 들려서 지극히 존귀하게 되리라.**

"교만" : 사3:16절 여호와께서 또 말씀하시되 **시온의 딸들이 교만하여** 늘인 목, 정을 통하는 눈으로 다니며 아기작거려 걸으며 발로는 쟁쟁한 소리를 낸다 하시도다.

③ **"큰, 위대한."** :[1419] גָּדוֹל:(가돌) :**-크다. 위대한. 강대한. 무거운. 광대한. 장대한. 강성한.**

"크다" : 창1:16절 하나님이 두 **큰 광명체를** 만드사 **큰 광명체**로 낮을 주관하게 하시고 작은 광명체로 밤을 주관하게 하시며 또 별들을 만드시고

④ **"전능한"** :[1368] גִּבּוֹר:(킵보르) :-[형] **용감한. 유력한. 전능한.** [명] **영걸. 용사.**

"전능한" : 사9:6절 이는 한 아기가 우리에게 났고 한 아들을 우리에게 주신 바 되었는데 그의 어깨에는 정사를 메었고 그의 이름은 **기묘자라, 모사라, 전능하신 하나님이라,** 영존하시는 아버지라, 평강의 왕이라 할 것임이라.

⑤ **"올려지다"** :[1361] גָּבַהּ:(가바흐) : **-높이다, 높이 오르다, 높게 하다**

"올려지다" : 사52:13절 ¶ 보라, 내 종이 **슬기롭게 행할 터인즉 그가 높이 올려져서 격찬을 받으며 지극히 고귀하게 되리라.**

דלת

“ד” :[1817] דלת:(달렡)

(1) [구성] ד:(달렡) = ר:(레쉬)우두머리, 진리, + י:(요드)구원의 권세, 예슈아 = **우두머리의 권세. 여호와의 통치**(나라의 통로). **문**(열다. 휘장. 길)/ **양의 문. 마음의 문. 성전의 문. 방주 덮개.** Entry(혼인 잔치에 입장. 참석하다. 청함을 받은 자). **&** 진리가 문이다,/ 진리의 문에 들어가다.

(2) [사전] 첫째 의미는 **“문”**이다. 둘째 의미는 **“가난”**을(유대 :돈이 없는 가난이 아니라 겸손을 뜻함 : 마5:3절) 뜻한다. 셋째 의미는 하나님에게로 **“인도하는 문”**을 뜻한다.

(3) [게마트리아]

① “דלת(달렡)” 의미는 집과 집 밖을 상형화한 단어다.

② **동서남북 4방**을 뜻하며 **4개의 문**으로 해석하기도 한다.

③ **“4”**(성전의 4문. 4생물. 4복음. 4계절) **4일째 창조물**(연한. 계절. 일시)

④ **“출애굽의 4 언약”** = ① 나는 너를 구원할 것이다.(애굽 사람의 무거운 짐) ② 나는 너를 데리고 나올 것이다.(너희를 빼내어) ③ 나는 너를 구속할 것이다(재앙에서 구속). ④ 나는 너를 취하여 내 백성 삼을 것이다(내 백성 삼고).(출6:6-8)

⑤ **창조물의 4가지 원소** : 불. 흙. 공기. 물.

(4) [비유] [1817] **דל, ד,** (델레트) :**방주 덮개. 휘장.**(삼상 3:3). **입술의 문**(시141: 3절). **하늘 문**

[분해] ד(달렡)문(열다. 휘장)- ל(라멘)소몰이막대(양육. 교육)- ת(타브)십자가(표. 언약. 징조)

-십자가의 가르침을 통해서 지성소 안에 들어갈 수 있는 문을 “דלת(달렡)”이라 함.

(5) [성경] 하늘 문(렘49:31절, 말3:10절)/ **양의 문**(요10:1-9절) **생명의 문**(마7:7-14절)

“양의 문” : 요10:9절 “나는 문이라. 누구든지 나를 통하여 들어가면 구원받을 것이며 또 들어가며 나오며 초장을 찾으리라.”
“하늘 문” : 말3:10절 만군의 여호와가 이르노라 너희의 온전한 십일조를 창고에 들여 **나의 집에** 양식이 있게 하고 그것으로 나를 시험하여 내가 **하늘 문을 열고 너희에게 복을 쌓을 곳이 없도록 붓지 아니하나 보라.**
“생명의 문” : 마7:7절 구하라 그리하면 너희에게 주실 것이요 찾으라 그리하면 찾아낼 것이요 **문을 두드리라 그리하면 너희에게 열릴 것이니라.** **(14) 생명으로 인도하는 문은 좁고 길이 협착하여 찾는 자가 적음이라.**

(6) 알파벳 순환적 : **א**:(아버지께서) **ב**:(아들 보내시고) **ג**:(아들은 성령을 보내셔서)

ד:(양의 문에 들어가게 하신다.)

감히 하나님 이름에서 입으로 표현할 수 없는 **4개** 글자 “ יְהוָה:(요드. 헤. 바브. 헤)” 이를 **“야훼”**라고도 하며, **“아도나이”**라고 호칭한다.

(7) “ד(달렛)” [중요 단어 성경]

① **“길” :**[1870] דֶּרֶךְ:(데레크) **:-길. 통로. 행위. 방법. 도리.**

[복음] 구원의 길. 신부 단장 경로. 진리의 길.

창3:24절 이같이 하나님이 그 사람을 쫓아내시고 에덴 동산 동쪽에 그룹들과 두루 도는 불 칼을 두어 **생명 나무의 길을 지키게** 하시니라

② **“종교**(신앙)**” :** [원형:1881] דָּת:(다트) **율법. 법도, 규례, 법률. 명령.** =십자가의 문. 언약의 문. 증거의 문. (과녁의 뜻. 활을 겨누어 맞추다.)

신33:2절 그가 이르되, 주께서 시내에서 오시고 세일에서 일어나 그들에게 오시며 바란 산에서부터 빛을 내시고 수만 성도와 함께 오셨는데 그분의 오른손에서 **그들을 위하여 불같은 율법이 나왔도다.**

③ **“말, 말씀” :** [1696] דָּבָר:(다바르) : -(א님)말씀. 안내하다. 인도하다. 이르시다.

사1:2절 하늘이여 들으라 땅이여 귀를 기울이라 **여호와께서 말씀하시기를** 내가 자식을 양육하였거늘 그들이 나를 거역하였도다

④ **“언어” :** [1697] דָּבָר : (다바르) 약속. 언어. 명령 : **-아들의 문** בְּמִדְבָּר:(받미드바르) **아들에게 가는 문**.(광야에서 아들에게) // 아들을 통하신 하나님의 언어를 의미한다.

창11:1절 온 땅의 (말씀)**언어가 하나요, 말이 하나더라.**

⑤ **“가난한” :** [1800] דַּל': (달) 가난하다. 연약하다. 비천하다. (문에 들어가도록 양육하다) : **-양육의 문**

레14:21절 만일 그가 가난하여 그의 힘이 미치지 못하면 그는 흔들어 자기를 속죄할 속건제를 위하여 어린 숫양 한 마리와 소제를 위하여 고운 가루 십분의 일 에바에 기름 섞은 것과 기름 한 록을 취하고

⑥ **“물고기” :** [1709] דָּג:(다그) 물고기의 문. 성령의 문.(계3:20-22절 **성령의 음성 듣고 문을 열라**) =[유래: 1711] דָּגָה:(다가) : -번식하다. 수(數)가 늘어나다.

창48:16절 나를 모든 환난에서 건지신 여호와의 사자께서 이 아이들에게 복을 주시오며 이들로 내 이름과 내 조상 아브라함과 이삭의 이름으로 칭하게 하시오며 이들이 세상에서 **번식되게 하시기를** 원하나이다

הא

“ה” :[1887] הא:(헤)

(1) [구성] ① ו:(바브)갈고리. 연결**/** ו:(바브)못. 거듭남.**/** י:(요드)권세. 권능.

= 거처의 기둥에 못박혀서 거듭나게 되는 권세의 속성. 본질. 생명.

② ד:(달렡)문. + י:(요드)구원. 권세. =**문이 되신 예호바흐**

=생명이심을 상형화한 문자다.

ה:(헤)의 숫자 값 =ו:(바브)**6** + ו:(바브)**6** + י:(요드)**10** =**22**=알파벳 **22**자 **(하나님의 생명 언어)**
생명: הי:(헤) =י(요드)**10** + ה(헤)**5** =**15**= ד(달렡)**4** + ו(바브)**6** + ה(헤)**5** =**15** הוד:(호드)**존귀. 탁월**

(2) [사전] 숨구멍(호흡. 생령. 빛. 보라.) **[명령] 생령**을 위해서 하나님을 **보라**. Behold(보라)

① 성경 전체 “ה:(헤)” 의미는 **“숨, 호흡, 빛, 계시, 부활, 은혜, 살리는 생령”**

② [접미:방향사]: הא(헤) → 방향 표시 의미: [접두·소망] 소망을 나타냄- **הא**(헤) :- **보라**(깨달으라) **보라**(창47:23절 **소망하라!**) **[분해]** ה(헤)숨구멍(호흡. 빛)- **א**(알렙)숫소(θ님) ;-<u>생명을 위해서 θ님을 “הא(헤)”바라보라</u>.

③ “ה:(헤)” 상형문자 의미는 “<u>두 손을 위로 들고 하늘을 바라보는 모습</u>” [유대인들] 보라. 계시. 표출. 생기. 호흡. 토라를 의미한다.

(3) [게마트리아] “5”(숫자 값). **“빛”**을 뜻함. [주(註)] **계시**를 밝히 나타내는 의미로 **“보다. 나타내다.”** 뜻을 말하기도 한다. (창조 첫날의 **“빛”**을 5번 강조하셨음.)

(4) ה(헤)의 속성들 5가지

① **[5315] נֶפֶשׁ**:(네페쉬) [느낌. 감정] **숨. 생물. 사람. 심정**(心情). **영혼**(靈魂). = **살아가다. 삶을 살다.**
② **[7301] רָוָה** :(라바) **갈증을 풀다. 만족하다.** = **[7307] רוּחַ**:(르아흐) **생명. 호흡. 성령. 바람. 신령.**
③ **[1961] הָיָה**:(하야) (생명있다.) **존재. 있다. 계시다. 임재.** = **생명의 본질이 있다. 생명력.**
④ **[5397] נְשָׁמָה** :(네샤마) **생기**(生氣). **생명. 정신. 기운. 혼(魂)** = **살아나다. 살아있게 하다.**
⑤ **[0259] אֶחָד**:(에하드)**오직 하나. 함께.** = **[0161] אֹהַד**:(오하드)**연합. 결합** = **[0157] אָהַב**:(아하브) **사랑**

(5) "ה:(헤)"의 생명력을 나타내는 표현 3가지 : **말**과 **행동**과 **변화**(첼렘의 능력의 거듭남)이다. 이런 살아있는 능력이 우리 안에 존재하여야 죽어가는 영혼을 살릴 수가 있는 것이다. 이것을 첼렘의 능력이라 한다.

※ [예(例)] **"아브람 : אַבְרָם"**이 " ה:(헤)"가 들어가므로 첼렘의 능력의 조상이 되므로 **"아브라함 : אַבְרָהָם"**으로 첼렘의 능력의 조상이 된 것이다.

(6) 단어들 : הָיָה:(하야) Reveal. 계시하다. 알게 하다./ הֵא:(헤):Look. 향하다. 바라보다./ הָדַר :(하다르) 장식하다. 단장하다. 영예를 얻다. 화려하다. 영화롭다.(생명 있다.)

(7) "ה:(헤)"의 단어 풀이

"보라!" **:[1887] הֵא:**(헤) [감탄사] **-창47:23절** 그때에 요셉이 백성에게 이르되, **보라,** 이 날 내가 파라오를 위하여 너희와 너희 땅을 샀노라. **보라,** 여기 너희를 위하여 씨가 있으니 너희는 땅에 뿌릴지니라.
"숨 쉬다.(기운)**" :[1891] הֶבֶל:**(헤벨) **-사57:13절** 네가 부르짖을 때에 네가 모은 우상들에게 너를 구원하게 하라 그것들은 다 바람에 날려 가겠고 **(숨 쉬는 것)기운이 불려갈 것** 같으리라, 나를 의뢰하는 자는 땅을 차지하겠고 나의 거룩한 산을 기업으로 얻으리라.
"호세아(구원)**" :민13:8절 에브라임 지파에서는 눈의 아들 호세아(예호슈아)요.** **=[1954]** הוֹשֵׁעַ:(호쉐아) 눈의 아들 **여호수아**의 다른 이름,
"노래하다" :[1984] הָלַל:(할랄)**할렐 –시117: 1절** 너희 모든 나라들아 **여호와를 찬양하며** 너희 모든 백성들아 그를 **찬송할지어다.**

ו

“ו” :[2053] וו-(바브)

(1) [구성] ו:(바브) ① י:(요드)가 땅으로 내려온 상형 문자. י:(요드)는 아도나이를 의미한다. ② י:(요드)가 하늘과 땅을 연결하는 컨셉이다.

(2) [사전] 갈고리. 연결. 못. 변화. 6. 거듭남. 부활. 재림.

① **“갈고리” :** 성막의 뜰을 이르는 기둥과 기둥을 **연결 갈고리 (17)**뜰 사면의 모든 기둥들을 **은 가름대와 은 갈고리**들로 연결하고 그 받침들은 놋으로 만들어 (출27:9-19)

② **“못**(釘)**” : “**이제 잠시 동안이나마 여호와 우리 하나님께서 은혜를 베푸셔서 우리 가운데 살아남은 자들이 있게 하시고, **하나님의 거룩한 처소에 우리를 잘 박힌 못처럼 든든하**게 해 주셨습니다. 우리 하나님께서 우리 눈을 밝혀 주시고 종살이 가운데서 우리를 조금이나마 소생시켜 주셨습니다.(스9:8)”

“또 내가 단단한 곳에 박힌 못같이 그를 굳세게 할 것이니, 그가 그의 아버지 집에 영광의 보좌가 될 것이며, (사22:22-24)”

③ **“거듭남” : 사망에서 다시 살아남. 죽음에서 살아남**을 뜻함.

※ <u>[주(註)]</u> **사망** :[4191] מוּת:(무트) :- 죽다, 죽은(몸, 사람), 죽음(죽이다), 죽게 하다, 죽어야 한다, ⇨ **살아나리라.** :[2421] יְחִיוּ:(이흐유) :-[동칼미3남복] 재생시키다. 살게 하다. 생명을 주다, 소성시키다. 회복시키다.

(3) 발음 -영어 : **Vav** :(바브) / 독일어: **W** :(와우)로 소리 낸다.

(4) [접두어] [접속사] :(연결) **그리고. and/** [중간]:(단어 중간에는 **존재. 실존적 의미.**)

(5) [게마트리아]

① **"6"**(사람의 숫자) -**육신은 죽어야 할 본질이다**(못박혀야 할 육신) + **1**(θ님과) 하나되어야 할 숫자다. = **7**(6일의 창조를 완성한 것) / **인자**(구원의 메시아) (마12: 8절 인자는 안식일의 주인이다.)

② **"창조의 6일"**을 의미한다.

③ 창1:1절의 첫 단어 문자 "בְּרֵאשִׁית:(베레쉬이트)"가 6문자로 되어있다. 창조적 목적이 "ו:(바브)"를 위해 창조하셨다는 영적 비밀의 숫자 값이다.

④ וו:(바브)의 숫자 값은 **12**이다. 야곱의 12아들, 12지파, 12사도, 12 진주문, 12 기초석 등으로 이스라엘을 대표하는 은유적 표현으로 사용한다.

(6) [성경] וו-(바브)는 성막기둥: עַמּוּד:(아무드)와 기둥을 연결하는 **은 갈고리**, 또는 (십자가의)**못**을 뜻한다.

[분해] ו:(바브)갈고리(못, 거듭남)- ו:(바브)갈고리(변화. 6(사람). 변화) : -(사람이)못 박힘으로 (거듭)변화하도록 연결하는 것을 "ו:(바브)"라 한다.(출27:10절 36:36절 38:10절)

기둥:[5982] עַמּוּד:(아무드)의 연결하는 휘장의 (은)**갈고리**:[2053] וָו:(바브)를 뜻한다. /은유적 표현으로 성전 기둥과 기둥 사이를 연결하는 정제된 은고리는 "(성막의 휘장) **세마포를 입은 신부 단장한 믿음의 성도들이 연결된 교회의 그림자라 할 수 있다.** (출27:9-10)
엡2:20-22절 (20)너희는 사도들과 선지자들의 터 위에 세우심을 입은 자라 **그리스도 예수께서 친히 모퉁이 돌이 되셨느니라. (21)**그 안에서 **건물마다 서로 연결되어 주님 안에서 함께 성전이 되어 가고 (22)너희도 성령 안에서 하나님의 거하실 처소**가 되기 위하여 예수 안에서 함께 지어져 가느니라.
십자가에 못 박히시던 제 육시로부터 온 땅에 어둠이 임하여(마27:45) ו:(바브)**사망. 죽음. 부활.**

[참조] (동사)[1580]: גָּמַל :(가말)"선을 **주다**. 선을 **행하다. 베풀다."**의 중간에 '**바브**'가 첨가되므로 [1576] גְּמוּל :(게물) **"보답. 응보. 보상"**의 [명사] 되면 실존적 의미를 가짐.

(7) [단어 풀이]

① **"악. 헛된 것"** :[7723] שָׁוְא:(샤베) : -헛된 것, 허탄한 것, 무익한 것,
[명] 악. 범죄. 사악. 멸망. 거짓. [부] 망령된 것, 거짓된 것,

"죄악" : 사5:18절 거짓으로 끈을 삼아 **죄악을** 끌며 수레 줄로 함 같이 **죄악을** 끄는 자는 화 있을진저

② **"회개"** [7725] שׁוּב:(슈브) : -방향을 돌리다. 돌아서다. 돌아가다. 돌아오다. 회복하다. 변화하다. 새롭게 되다.

"회복하다":(회개, 돌이키다) **: 사1:25절** 내가 또 내 손을 **네게 회복**(돌이키게)**하게 하여** 네 찌꺼기를 잿물로 씻듯이 녹여 청결하게 하며 네 혼잡물을 다 제하여 버리리라,

③ **"빛"** :[원형:0215] אוֹר:(오르) : -[동] 밝아지다. 비추어지다. 빛나다. 비추게 하다. 영화롭다. 밝게 하다. 광채가 나다.

"빛" : 창1:3절 하나님빛이 이르시되 빛이 있으라 하시니 빛이 있었고, (14)또 그것들은 **하늘의 궁창에서 빛이 되어** 땅 위에 **빛을 비추게 하라,** 하시니 그대로 되니라.

זין

“ז”:[2109] זַיִן :(자인/ 준)

(1) [구성] ז:(자인)= ו:(바브)거듭남. 연결. + י:(요드)손. 권세.= **거듭나게 할 권세의 무기.** [은유] 왕관을 쓴 자/ 무기를 가진 왕./ 일하시는 왕.

(2) [사전]

① **무기.**(검) :-연장. 실천. 복음. 안식. 칼. 쟁기. 큰 낫.

② (쟁기/ 칼/ 무장)**성령의 본성 –완성을 이룬다.** : **농사기구**와 **전쟁 무기**로 생각할 수 있다.

③ 복음적으로 **“무기와 연장”**은 무엇을 의미하는지를 먼저 성경적 지혜로운 측면에서 깊이 살펴보아야 한다.

④ ז:(자인)은 왕이 들고 다니는 **“홀**(staff)”과 같은 왕의 무기를 의미한다. 유대인들의 성경에는 왕관을 씌운 ז:(자인)을 사용한다. 이런 컨셉을 유대인들은 **“남편의 왕관**은 그의 **용맹스런 아내**다.**”** 라고 의미한다.

엡6:17절 구원의 투구와 성령의 검, 곧 하나님의 말씀을 가져라.
히4:11-12절 (12)하나님의 말씀은 살아 있고 활동력이 있으며 어떤 양날 선 검보다도 더 날카로워서, 혼과 영과 관절과 골수를 찔러 쪼개기까지 하며 마음의 생각과 의도를 분별해 낸다.
마13:37절 (37)예수께서 대답하여 말씀하셨다. **“좋은 씨를 뿌리는 자는 인자이고 (38) 밭은 세상이요 좋은 씨는 천국의 아들들이요.** 가라지는 악한 자의 아들들이요.
사2:4절 주께서 민족들 사이에서 재판하시고 많은 백성들을 판결하실 것이니, <u>그때에 그들이 칼을 쳐서 (쟁기)**보습을** 만들고, 창을 쳐서 **낫을** 만들 것이니</u>, 다시는 나라가 나라를 향하여 칼을 들지 않을 것이고 다시는 전쟁을 배우지 않을 것이다. ※ <u>[주(註)]</u> **“보습”** :[0855] אֵת:(에트) :- **괭이. 쟁기. 도구. 연장. 낫.**

(3) [게마트리아] (숫자의 값) **"7"** =**안식의 수. 온전한 수. 행함에 온전하다.** (인침의 수)

זַיִן:(자인)**무기**(숫자값): ז:(7) י:(10) ן:(50) =**67**= ב:(2) י:(10) נָ:(50) ה:(5)= בִּינָה:(비나) **-지혜**(지식)

<숫자 7의 값 의미>

1) 7의 값 : "안식" :[7673] שָׁבַת:(샤밭) : -안식하다. 휴식하다.

창2:1-2절 (1)하늘과 땅과 그 만물이 완성되었다. (2)하나님의 지으시던 일이 일곱째 날이 이를 때에 마치니 그 지으시던 일이 다하므로 **일곱째 날에 안식하시니라.**

2) 일곱(7) :[7637] שְׁבִיעִי:(쉐비이) :-일곱째. 칠일. 칠. =[원형:7650] שָׁבַע:(샤바) :-맹약하다. 맹세하다. 서원하다. 맹세로 묶다.(언약 성취)

3) 7의 값 : "다 이루다" :[3615] כָּלָה:(칼라) :-끝마치다. 달성하다. 완성하다. 성취되다. [동·여·명] (단장하다)신부를 이루다. 며느리. 신부를 성취하다.

4) 성경적 7 의미

① 창조의 날짜 6일 + 1. 안식일(א님의 날) = 7일 :성취하신 날. 보시기에 좋아하신 날. 창조의 일을 마치신 날.

② 복음적 7절기 =유월절과 칠칠절 사이를 7주 동안 카운트하는가?

③ 토라에서 모든 절기와 관련해서 7달 동안만 성서 기간으로 하셨는가? (예호바흐의 절기 일곱째 달인 티쉬리월 : 나팔절, 대속죄일, 초막절(수장(守藏)절)

④ **희년 :** 7× 7=49년(요벨) + 1년(희년 다음 해) =50 :**오순절 성취**(오메르 카운티) (유대인들은 결혼식을 7일 동안 잔치를 벌인다.)

⑤ **70이레 / 7년 환란/ 7절기./ 7징조. / 7,000년**

⑥ **성소에 7등대**(촛대) **메노라**를 뜻한다. (신부 단장의 성취 : 바라크 회복)

(4) [유래:2142]: זָכַר :(자카르) : **-기억하다. 회상하다. 마음에 새기다.**

[(아람)4203]: מָזוֹן :(마존) : **-음식. 먹이.** [2110]: זוּן:(아람)**준**:**-먹이다.**(단 4:11-12절)

(5) [은유] [파생] זִין:(즈반) : **-영양분. 살찌우게 하다. 키우다.**(렘 5:8절)

[어원:2109] זוּן :(준) : **-먹이다. 키우다.** (렘5:8절 "(먹여)살찌게 되니" 행음하려 한다.)

[파생:2188] זֵעָה:(제아) : -(양식을 위한) **땀을 흘려야 먹을** 것을 뜻하기도 한다.

※ <u>[주(註)]</u> 창3:19절 "너는 흙에서 취해졌으니 **흙으로 돌아가기까지 네 얼굴에 땀을 흘려 음식을 먹을 것이다.** 너는 흙이니 흙으로 돌아갈 것이다."

(6) ז:(자인)**으로 시작하는 중요 단어 풀이**

① **"씨. 정액."** :[2233] זֶרַע:(제라) :-씨. 후손. 자녀. 자식. 곡식. 후예

창4:25절 아담이 다시 자기 아내를 알매 그녀가 아들을 낳아 그의 이름을 셋이라 하였으니 이는 그녀가 이르기를, 가인이 죽인 아벨 대신 **하나님께서 내게 다른 씨를 정해 주셨다,** 하였기 때문이더라.

② **"남자"** :[2145] זָכָר:(자카르) :-남자. 수컷. 사내. 남성.

[원형:2142] : זָכַר:(자카르) : - 기억하다, 생각되다, 마음에 두다, 회상하다

창1:27절 하나님께서 자신의 형상으로 사람을 창조하시되 하나님의 형상으로 그를 창조하시고 그들을 **남성과 여성으로 창조하시니라.**

③ **"금(金)"** :[2091] זָהָב:(자하브) :-[동] **"반짝이다"** :[남.명] 금. 순금. 정금. 황금

창2:11절 첫째 강의 이름은 비손이니라. 그것은 곧 **금이 있는** 하윌라의 온 땅을 두르는 강인데

④ **“제사”** **:**[2077] זֶבַח:(제바흐) :-제사, 희생, 제물, 잔치

창31:54절 그때에 **야곱이 산에서 희생 제물을 드리고** 자기 형제들을 불러 빵을 먹게 하니 그들이 빵을 먹고 산에서 온밤을 지내니라.

⑤ **“쟁기, 보습”** **:**[2063] זֹאת:(조트) :[분해] ז:(자인) 쟁기. 무기. +[0855] את:(에트) 농기구 =무기를 들고 계시는 처음과 나중 되시는 분./ (씨뿌리는)경작하시는 십자가의 א님

마13:3절 예수께서 비유로 여러 가지를 그들에게 말씀하여 이르시되 **씨를 뿌리는 자가 뿌리러 나가서** **(37)**대답하여 이르시되 **좋은 씨를 뿌리는 이는 인자요, (38)밭은 세상이요, 좋은 씨는 왕국의 자손들이로되 가라지는 그 사악한 자의 자손들이니라. (39)가라지를 뿌린 원수는 마귀요 추수 때는 세상 끝이요 추수꾼은 천사들이니 (40)**그런즉 가라지를 거두어 불에 사르는 것 같이 세상 끝에도 그러하리라
벧전1:23절 너희가 거듭난 것은 썩어질 씨로 된 것이 아니요 썩지 아니할 씨로 된 것이니 살아 있고 항상 있는 하나님의 말씀으로 되었느니라.

⑥ **“올리브 나무”** :[2132] זַיִת:(자이트) :-올리브. 올리브 나무. 감람나무

신6:11절 네가 채우지 아니한 아름다운 물건이 가득한 집을 얻게 하시며 네가 파지 아니한 우물을 차지하게 하시며 네가 심지 아니한 포도원과 **올리브 나무를 차지하게** 하사 네게 배불리 먹게 하실 때에

⑦ **“먹이다”** **:**[2110] זוּן:(준) :-먹이다. 양식을 주다. 키우다

단4:12절 그것의 잎사귀들은 아름답고 그것의 열매는 많아서 그 나무 안에 모든 사람이 **먹을 것이 있고** 또 들의 짐승들이 그 밑의 그늘에 있으며 하늘의 날짐승들이 그것의 가지들에 깃들이고 모든 육체가 거기서 **먹을 것을 얻더라.**

חית

“ח” : חית:(헤트)

(1) [구성] ח(헤트)= ו:(바브)**인자**(육을 입으신 아들) + ז :(자인)**무기**(성령의 검) :-인자로 오시며 무기를 가지신 왕이 구원한다.

ח(헤트) **울타리 구성은** (은)**갈고리**:[2053] וָו:(바브)를 성막 기둥과 기둥 사이를 연결하는 풀무불에 단련된 은 갈고리로 휘장을 두른다. “(성막의 휘장)**세마포를 입은 성도를 뜻함.”**

[상형] 텐트의 벽(tant wall), 성전의 뜰로 연결되어지는 문(gateway), 결혼식 케노피(웨딩천막) // “장막에는 남자(지성소) 구역과 여자(성소) 구역으로 나눈다.” 그러나 둘이 아니라 “ח(헤트)” 안에서 하나다.

(2) [사전] 울타리(구원) : -하나님 성막(성전)을 “둘러친 울타리”를 뜻한다.

[분해] ח(헤트)**울타리**(구원. 생령)- י(요드)**손**(권능.능력)- ת(타브)**십자가**(표. 언약) : -십자가의 능력의 손으로 **“구원”**하다. חית :(헤트)**울타리**라 한다.

(3) [원형:2421]**:** חָיָה:(하야) :(사역동사)**재생시키다.** : -살아있다. 살게 하다. 생명을 주다.(**성막** : חָיָה =성막 안에 들어가면 생명의 권세를 누리게 됨)

(4) [게마트리아] ① (숫자 값) **“8”**의 **“구원**(救援)**”/ 새로운 시작**.(방주 안으로 들어가서 살아남은 자 **8식구**를 뜻한다. 또는 심판 후 새롭게 시작하다) ② **“8”**은 할례와 깊은 관계가 있다. 유대 개념으로 (아브라함의 언약) “베리트 בְּרִית:(베리트) 쪼개지다. 베어내다.”와 같은 개념이다.

(5) 첫 유월절에 양을 먹을 집 좌우 문설주와 인방에 양의 피로 발랐는데 이것이 "חֵית:(헤트)" 모양이고 그 **울타리** 안에 있던 (첫 아들)**초태생의 생명의 언약**은 보존되었음.

잠4:4절 아버지가 내게 가르쳐 이르기를 내 말을 네 마음에 두라 내 명령을 지키라. 그리하면 **"살리라."= 살리라.**: וֶחְיֵה :(예흐베)= ו(바브-접)- [원형:2421](동칼명남단) חָיָה:(야하) : -**"그리하면 살리라"** and live.)
암5:6절 "너희는 여호와를 찾으라. 그리하면 **살리라.**" : וִחְיוּ :(유흐비)= וְ:(바브-접) [2421](동칼명남복) חָיָה:(야하) : -**"그리하면 살리라**." and ye shall live;

(6) ח(헤트) **:** [중요 단어 말씀]

① **"생명"** :[2416] חַי:(하이) : -살리다. 살아있다. 생존하다. 생기있다. 생명이 있다. [명] 생명. 생물. 목숨. 삶.

창23:1절 사라는 백이십칠 세였는데 이것이 **사라가 살았던 햇수더라.**
신4:4절 오직 너희의 하나님 여호와께 붙어 떠나지 않은 너희는 오늘까지 **다 생존하였느니라.**

② **"악을 행하다."** :[2254] חָבַל:(하발) : -묶다. 악을 행하다. 휘감다. 진멸하다. 쇠하다. 잡다. 볼모로 잡다.

느1:7절 주를 향하여 크게 악을 행하여 주께서 주의 종 모세에게 명령하신 계명과 율례와 규례를 지키지 아니하였나이다.

③ **“은혜”** :[2580] חֵן:(헨) :-① 은혜. 은총. 자비. 호의. 선의. ② 품위. 우아함. 아름다움. ③ 탄원. 기원. 기도.

창 6: 8절 그러나 노아는 여호와께 은혜를 입었더라.

④ **“지혜”** :[2451] חָכְמָה:(호크마) :-지혜. 슬기. 명철. 유능함. 숙련. 기술. [א님께 대한] 경건.

출28:3절 너는 무릇 마음에 지혜 있는 모든 자 곧 내가 **지혜로운 영으로** 채운 자들에게 말하여 아론의 옷을 지어 그를 거룩하게 하여 내게 제사장 직분을 행하게 하라
단2:20절 다니엘이 말하여 이르되 영원부터 영원까지 하나님의 이름을 찬송할 것은 **지혜와 능력이** 그에게 있음이로다.
사11:2절 그의 위에 **여호와의 영 곧 지혜와 총명의 영이요** 모략과 재능의 영이요 지식과 여호와를 경외하는 영이 강림하시리니

טית

"ט" : טֵית:(테트)

(1) [구성] ט:(테트)= ו:(바브)**인자**(육을 입으신 아들) + ז :(자인)**무기**(성령의 검) :-<u>거듭 나게 할 성령의 검을 상형화한 알파벳이다</u>.= **"선(善)과 좋음"**을 대표하며, 때로는 **지혜**를 뜻하기도 하는 단어이다.

(2) [사전] : **그릇을 상형화한 알파벳**이다. **바구니. 불 밝히는 등**(燈). **말씀의 지혜.** 고귀한 것을 담는 그릇 콘셉이다.

※ <u>[주(註)]</u> ① 유대니즘으로는 가장 선한 의미로 사용하는 글자다. ② טֵית:(테트)는 이중성을 갖고 있다. **뱀**(성경에는 사용되지 않음), **알파벳 14번째**에서 " נ:(눈)**물고기. 뱀**"이라는 의미로 사용한다. 그러므로 ט:(테트)는 **지혜. 선과 악**(예지. 지혜. 경험)을 뜻한다. ③ (고대 상형) ⊗의 그림으로 **뱀이**(사탄은) **둘러싸다. 생명을 죽게 하다.**

(3) [아람어] "**טֵית**:테-ㅌ"의 형상은 **뱀**. 담는 (용기)**그릇. 바퀴**./ **뱀**은 고대 근동에서 [נָחָשׁ :(나하쉬)] **"<u>예지의 상징</u>"** 또는 역설적으로 **"악=나쁨"**을 상징하기도 함.

(4) [관용적 해석] 부정적 동의어로 [5175: **נָחָשׁ** :(나하쉬)] :**뱀** [어원:5172: נָחַשׁ:나하쉬] : -소리를 내다. (마술)**주문을 외다. 예지하다. 경험하다. 점치다**./ **구리. 놋**. (부정적 의미-육에 속한 것)

※ <u>[주(註)]</u> 이스라엘 백성들이 광야에서 **불뱀**(멸망하게 하는 마귀)에게 물린 자들에게 **놋뱀**(구원할 예사)을 바라보고 치유하게 하셨다. [5278] נְחֹשֶׁת:(네호세트) **놋쇠. 동철**(銅鐵). **족쇄.** (복음: 정욕을 불로 태워 제거한 강한 철// 연단하

여 구원할 자 **=예샤**)

(5) [게마트라](숫자 값) -**"9"** :십계명의 9계명 **"거짓 증언하지 말라."/ 지혜. 경험. 점성술.** (성경의미)**그리스도와 연합**. [5173: נַחַשׁ :나하쉬] :-**복술. 점. 사술.**

[숫자] **메시아** :[4899] מָשִׁיחַ :(마쉬하) = מ:(40)+ שׁ:(300)+ י:(10)+ ח:(8) =**358** =[5173] נַחַשׁ :(나하쉬) נ:(50) חַ:(8) שׁ:(300) =**358** 숫자 값이 같다. <u>**이는 광야에서 불 뱀에게 물렸던 백성들에게 "놋 뱀"을 보게 하므로 치유하셨던 뱀의 단어와 메쉬하와 같은 영적 숫자라는 것을 뜻함**</u>.

(6) [성경적 해석]: " ט:(테트)**"** 단어는 처음 기록된 곳은 <u>**"창 1:4절** 하나님 보시기에 **좋았더라**. :[2896]: טוֹב:(토브)</u>**"** :뱀의 처음에 하나님의 피조물로 좋은 존재였다.(예언적-뱀을 통해 거듭나게 하여 하나님의 거처로 지어져 가도록하는 하나님의 속성. 본질을 나타내는 단어)

창2:9절 "<u>선악을 알게 하는 나무</u>"- **"선"** [2896] טוֹב:(토브)(명남단)- **"악(惡)"** [7451] (형남단) וָרָע :(바라아) ו(바브-접)= רַע:(라아) **:악한. 나쁜. 사악한. 해하는, 악행하는. 잘못된. [명] 악. 죄악.**
창44:15절 <u>잘(점) 점칠 :</u> יְנַחֵשׁ :(예나헤쉬) [5172](동피미3남단) נָחַשׁ:(나하쉬) :-점(占)칠.
레19:26절 복술 : נַחֵשׁ :(나헤쉬) [5172](동피절) נָחַשׁ:(나하쉬) : -잘 점(占).

※ <u>[주(註)]</u> 지금 우리가 사용하는 고대 히브리어 알파벳 순서 9번째와는 조금 다르게 후기 셈어의 자료에는 ט:(테트)가 **6번째** 글자였다. 이런 점에서 정통 유대 히브리어 학자들 아니면 바르게 해석할 길이 없다.

(7) ט:(테트) : [중요 단어 말씀]

① **"인(印)치다"** :[2885] טַבַּעַת:(타바아트) : -인(姻), 인장(印章), 도장, [동] 봉인하다, 인(印)을 치다.

민31:50절 우리 각 사람이 받은 바 금 패물 곧 발목 고리, 손목 고리, **인장 반지,** 귀고리, 목걸이들을 여호와께 헌금으로 우리의 생명을 위하여 여호와 앞에 속죄하려고 가져왔나이다.
창41:42절 자기의 인장 반지를 빼어 요셉의 손에 끼우고 그에게 세마포 옷을 입히고 금 사슬을 목에 걸고

② **"빛나다"** :[2891] טָהֵר:(타헤르) :-"빛나다" 깨끗하다, 정결하다, 순전하다.

"정결하다": 레12:7절 제사장은 그것을 여호와 앞에 드려서 그 여인을 위하여 속죄할지니 그리하면 산혈이 **정결하리라.** 이는 아들이나 딸을 생산한 여인에게 대한 규례니라
"순전한": 시51:4절 내가 주께만 범죄하여 주의 목전에 악을 행하였사오니 주께서 말씀하실 때에 의로우시다 하고 주께서 심판하실 때에 **순전하시다.** 하리이다

③ **"선, 좋음"** :[2898] טוּב:(토브) :-좋은, 선한, 행복한, 아름다운

"좋음": 창1:4절 빛이 하나님이 보시기에 **좋았더라.** 하나님이 빛과 어둠을 나누사
"선함": 출33:19절 여호와께서 이르시되 내가 **내 모든 선한 것을** 네 앞으로 지나가게 하고 여호와의 이름을 네 앞에 선포하리라 나는 은혜 베풀 자에게 은혜를 베풀고 긍휼히 여길 자에게 긍휼을 베푸느니라
"행복함": 신10:13절 내가 **오늘 네 행복을 위하여** 네게 명하는 여호와의 명령과 규례를 지킬 것이 아니냐?
"아름다움": 시65:4절 주께서 택하시고 가까이 오게 하사 주의 뜰에 살게 하신 사람은 복이 있나이다 우리가 주의 집 곧 **주의 성전의 아름다움으로** 만족하리이다

יוֹד

“י” :[3027] יוֹד:(요드)

(1) [구성] י(요드)는 ①움켜쥔 **손**의 상형문자. **왕**의 **“규**(珪)& **홀**(笏)**”**을 움켜쥔 **손**의 상형문자. **왕의 권세**를 가지고 있음을 뜻함. ② 히브리어 알파벳 중에서 가장 작은 글자로서 **“겸손”**을 가지고 있다. 따로 설명하지 않아도 “ י:(요드)”는 겸손하심을 내포하고 있다. ③ “ י:(요드)”는 **א**님의 언어 히브리어 알파벳 시작하는 첫 글자 **“א** :(알렙)”을 구성하는 시작의 글자이다. 그러므로 모든 창조의 시작은 **“예호바흐** : יְהֹוָה”이시라는 것을 뜻한다.

(2) [사전] (움켜쥔 **손**)**-불. 권세. 권위. 지배. 소유.**

[분해] י(요드)손(불(火), 권능. 10)- ו(바브)갈고리(접속사. 못. 변화)- ד(달렡)문(휘장. 열다. 심령) ; -**<u>권능의 충만한 못 박히신 손으로 우리 심령을 여는 능력을 “יוֹד:(요드)”</u>** <u>라 한다</u>. & <u>또는 하나님 나라의 문을 여는 권세의 못 박히신 손을 말한다</u>.

(3) [관용]

① **모든 만물을 창조하신 여호와**를 뜻하는 알파벳이다.

② **만군의 왕의 권세**로 모든 창조의 만물을 다스리시는 권세를 뜻한다. (에 4:11, 시45:6)

③ 또한 만물을 살리시기도 하시며 죽이시기도 하시는 통치자 권세의 “**규**(珪) & **홀**(笏)”를 손에 쥐고 있는 **여호와**를 뜻한다.

④ 첼렘을 회복한 만민들을 **“예슈아**(ישׁוּע)**:구원”**하시는 분을 뜻한다.

(4) [게마트리아] "10" : "충만한 수"를 상징한다. 채워진 수. 가득한 수. 더 셀 수 없는 수. 예수님의 권능의 수.

[파생] 숫자 10의 힘

① **"י:요드"**는 **"א:(알렙)님" 유일하심이**(은혜. 사랑. 능력. 지혜) **가득 채워진 수. & 충만한 수를 의미한다.**

② " י:요드"는 **만물을 소유한 손**이라는 단어 **"야드**(yad : יד)"에서 파생되었다.

③ **"열/ 10"**-[6240] עָשָׂר :(아싸르) **;-열. 십. 10**(충만 수(數)). -" י(요드)"는 성경에 나오는 하나님의 중요한 이름들의 첫 글자가 되는 영광을 얻는다.

[분해] ע(인아)눈(보다. 빛. 초청. 70)- שׂ(신)위 하늘(올바른. 연마. 300)- ר(쉬레):머리(처음, 으뜸, 근원. 200) ;-온전케 하는 충만한 빛과 연합하여 하늘나라에 들어가도록 하는 성령 충만 수를 "עָשָׂר :(르싸아)"라 함.

④ " י:요드" **10값** × ז:(자인) **7의 값 =여호와의 전신갑옷으로 완전 무장한 것**의 의미하는 숫자 값이라 할 수 있다. (첼렘 회복하여 바라크의 능력을 완전하게 무장한 숫자 값이라 할 수 있다.

(5) [설명] " י:요드"는 히브리어 알파벳 **열번째** 문자다. **창세기 5장**에는 **"아담에서 노아까지"** 이르는 **열세대**가 있었고 **노아**가 홍수에서 구원하시기 위해서 하나님께서 **손을** 쓰셨다. 그 다음에 **"노아에서 아브라함까지 열세 대"**가 있었는데 하나님께서는 아브라함을 가나안 땅으로 데리고 오시려고 **손을** 쓰셨다는 의미로 해석한다.

[적용] :[소유격] **"나의"** (어미) בְּנִי(브니) 나의 아들/ אֲנִי(아니) 나의 것. 나의 소유.
"나의" :이스라엘(ישראל), 유다(יהודה), 예루살렘(ירושלים), 예수(ישוע) 등에 나온다.

(6) א님 이름: 여호와(יהוה)"의 첫 글자 "י:요드"는 신성한 상징이며 이름 뜻은 **"하나님 손으로 새롭게 만드시고 생명을** (생기넣어)**거듭나게 하신 분"**을 **"여호와"**라 한다.

창2:7절의 "사람을 지으시고 : וַיִּיצֶר(바이체르)" 19절의 "각종 들짐승을 지으시고 :וַיִּצֶר(바이첼)"에서 사용하신 단어에 접두어 "י(요드)"가 다르다. **사람은 두 손으로** 지으시고/ **짐승들은 한 손으로** 지으신 것을 나타내는 단어를 볼 수 있다.(영어로는 from으로만 기록함)
마5:18절 진실로 너희에게 이르노니 천지가 없어지기 전에는 **율법의 일점 일획이라도 반드시 없어지지 아니하고 다 이루리라.** ※ [히·역] **(18)**내가 진실로 말한다. 하늘과 땅이 없어질 때까지, 일어나야만 했던(성취하심) 모든 일이 더는 일어나지 않을 때까지 י(요드)나 **삐침**(일획)이 **토라에서 절대로 사라지지 않을 것이다**. ※ [주(註)] י(요드)는 성경에서 어떤 의미를 나타내는지 알아야 **하나님을 아는 지식에** 이르게 된다.

(7) [중요 단어 풀이]

① **"알다"** :[3045] יָדַע:(야다) : -① 보다. 깨닫다. 인지하다. 알다. 분별하다. ② 발견하다. 경험하다. 정탐하다. ③ 알다. 동침하다. 성관계를 맺다. 가까이 하다. 허락하다. [동의어] **"단장하다"** :[5716] עֲדִי:(아디) : -장식하다. 단장하다. 꾸미다. 패물.

② **"십계명"** :[원형:6235] עֶשֶׂר:(에세르) **10, 열,** [동의어] עֲשֶׂרֶת:(아쉐레트) + [1696] הַדְּבָרִים:(하데바림)= **열 말씀들** : 히브리어 자음 수가 **10** 글자이다.

③ **"사모하다"** :[2968] יָאַב:(야아브) : -바라다. 사모하다. 열망하다.

-시119:131절 "주의 명령들을 사모하므로 내 입을 열고 헐떡였나이다."

כף

"כ" :[3709] כַּף :(카프)

(1) [구성]

① כ :(카프)는 י:(요드)가 (쥔 손)이 힘을 자랑하는 팔을 구부린 상형문자로서 : **여호와 왕의 권세. 홀(笏)& 규(珪)**를 손에 쥔 권세로서 **"다스리는 권능. 능력. 재능. 통솔력"**을 뜻한다.

② [동] כ:(카프) -능력을 행하시다. 사역하다. + ף:(페)-(θ님)능력의 입. 명령을 의미한다.

③ **"손바닥"**을 의미하며 **"손:** י:(요드)**"**가 무엇인가 잡으려는 글자다.

(2) [접속사] כִּי:(키) : ~처럼. ~같이. [부연] י:(요드)**처럼. 같이. 권능처럼.**

(3) [사전] 굽은 팔/ 편 손/ 발바닥./ 권능. 재능. 적용. 굴복. 반석. : א님의 권세로 사역하시는 능력적인 상형 문자로서 히브리어 단어에 많이 쓰이고 있다.

※ [주(註)] 최초로 사용하신 단어로 **창 1:28절** "בָּרַךְ:(바라크)**: 복**"의 어미 알파벳이 "כ:(카프)"다. 즉, 3인칭 단수의 아들의 권능을 말한다. א님 형상으로 창조하신 우리에게 주신 복이 독생자 아들의 권능을 주신 것이다. 이것이 א님께로 받은 진정한 복이다.

ךְ:(카프) [어미형] **"복(福)" :바라크:** בָּרַךְ :(바르)-아들의 권능을 받은 것.

(4) [게마트리아] "20" : ① 연합하여 채워진 수(數) =(**2×10=20** :-충만한 연합, 결합)
② ב:(거처) **2** × י:(예슈아 손)**10** =**예슈아와 연합하여 충만하게 된 숫자 값 20.**

(5) [중요 단어]

① **"힘." :**[3709]: כַּף:(카프) : -가운데가 오목한 손바닥, 발바닥, 숟갈 (시128:2절 네게 내 손(כַּף)이 수고한 대로 먹을 것이다. 네게 복되고 형통하리라. : 능력으로 먹도록 기능을 의미한다.)

(소빗형) ךָ =어미: כ :(카프)는 **너의 것/ 네 것**을 뜻하는 **성(姓)수(數)**를 말한다.
출33:22절 내 영광이 지나갈 때에 내가 너를 반석 틈에 두고 내가 지나도록 **"내 손: כַּף:**(카프)"로 너를 덮었다가,
영광 : כָּבוֹד:(카보드):-(십자가) 못 박힌 가난한 자가 장막에 들어가 "θ님 손**: כַּף**:(카프)"에 덮이다.

② **"반석" :**[3710: כֵּף:(케프)] ;-오목한 바위. 반석(게바 :베드로). [3711: כָּפָה:(카파)] :-좁히다. 길들이다. 굴복시키다.(밟다) + [**הֵא**:(헤)(소망사)+ **כַּף**:(카프)]

③ **"속죄하다" :**[3722] כָּפַר:(카파르) : **-덮이다. 가려주다. 속죄하다. 용서하다. 속량하다.** 속죄 받다. 용서 받다. 면제되다.

④ **"미가엘" :**[4317] "מִיכָאֵל": **누가 하나님과 같은가?**

[분해] [4310](접·전): מִי :(미)**"누가"** + (접):[3588]: כִּי :(키) **:~처럼. ~같이.** + (2인·대명)[0410]: אֵל :(엘) : **-하나님.**

단10:13절 그러나 내가 진리의 성경 기록에 적힌 것을 네게 보여 주리니 이 일들에서 나와 함께 버티는 자는 **너희의 통치자 미가엘 외에 아무도 없느니라.**

⑤ **"왕(王)" :**[4428] מֶלֶךְ(멜레크) : כמֶלֶךְ(카멜레크) 왕관을 씌워주다. "כ(카프)"는 행하시는 능력을 뜻함.

약1:12절 생명의 면류관을 씌워 주심 / **벧전5:4절 영광의 면류관**을 / **딤후4:8절 의의 면류관**

[2nd] :"ת:(Tave)"~"ל:(Lamed)" 11 알파벳.

: **하나님 사역**(형상 회복과 바라크 회복)

[알파벳 표]

순서	알파벳(이름)	상형	사전	숫자 값
12	ל:(라멛)	양몰이 막대	가르침. 왕권. 양육	30
13	מ:(멤)	물	생수. 말씀. 바다. 눈물	40
14	נ:(눈)	물고기	신실함. 씨앗. 충성	50
15	ס:(싸멕)	지주	측량. 방패. 기둥. 의지	60
16	ע:(아인)	눈	보다. 빛. 샘. 복종. 알다.	70
17	פ:(페)	입	말하다. 증언. 표현.	80
18	צ:(치데)	코	낚시바늘. 의로움. 형상.	90
19	ק:(코프)	바늘귀	듣다. 거룩. 충만	100
20	ר:(레쉬)	머리	우두머리. 근원. 진리. 첫째. 연합	200
21	שׂ:(신)	윗니=**하늘**	상아탑. 학문. 불. 올바름. 삼키다.	300
	שׁ:(쉰)	아랫니=**땅**	창검. 불. 올바름. 소멸	300
22	ת:(타브)	십자가	표. 언약. 서명. 인(印). 완성	400

"ת:(타브)"~"ל:(라멜)" 11 알파벳(사역동사)의 회복 3과정

체렘을 위한 양육 : "ת:(타브)"~"ל:(라멜)"				
순서	알파벳	상형문자	사전적 의미	숫자 값
12	ל:(라멜)	양몰이 막대	양육. 양식. 가르침. 훈련. 장성. 성숙	30
13	מ:(멤)	물	생수. 말씀. 바다. 세상. 눈물. 시험	40
14	נ:(눈)	물고기	씨앗. 신실함. 충성. 백성. 성도	50
15	ס:(싸멕)	지주, 기둥	측량. 잣(尺)대. 방패. 의지. 척도	60
체렘 회복의 속성들				
16	ע:(아인)	눈	보다. 빛. 샘. 알다. 복종	70
17	פ:(페)	입	먹다. 말하다. 증언. 증거. 표현. 소멸	80
18	צ:(체데)	코	낚시바늘. 의로움. 형상. 올바름	90
19	ק:(코프)	귀	듣다. 바늘귀. 거룩. 충만. 성결	100
20	ר:(레쉬)	머리	우두머리. 근원. 진리. 시작. 첫째. 연합	200
21	שׂ:(신)	윗니=하늘	상아탑. 학문. 불. 올바름. 삼키다. 성령	300
	שׁ:(쉰)	아랫니=땅	창검. 불. 올바름. 소멸. 태우다. 성령	300
체렘의 완성 : 창조적 언약 성취				
22	ת:(타브)	십자가	표시. 언약. 서명. 인(印)침. 성취. 완성	400

[ל:(라멜)의 양육의 규칙]

ל:(라멜)의 의미	목적	**א님의 본질 회복 :** 속성. 성질. 성품. 성격.
	대상	**단장된 신부들 :** 왕 같은 제사장들. א님 유업을 이를 자들
	과정	①먹이고 ②가르치고 ③(성숙)장성하고 ④무장하고
	재료	מ:(멤) =א님 말씀. 하늘에서 내려온 양식 (요6장 48-58절)
	규격	ס:(싸멕) =א님 측량의 잣대 & 설계도의 규격
	결과	ר:(레쉬) =우두머리 아들의 형상과 같아야 한다. **: 진리**
	표시	ת:(타브) =언약의 성취(신부들의 표시) **: 인(印) 침의 표.**

[2nd] "תּ"~"ל" 11 알파벳 =**하나님의 사역**

신부단장 =**회복**(한 새사람 회복)

(1)형상 회복 ⇨(2)바라크 회복

(계 1: 3절 읽는 자. 듣는 자. 지키는 자. 이기는 자.)

샘 말씀 =물. 생명. 양식.(요6:55)

ע | עַיִן:(아인) | **빛** 말씀 =빛. 진리. 생명.(요1:1-4)

눈 : 얼굴 –보다.-읽는 자.⇨

ק | קוֹף(코프) | **귀** 거룩

צ | צָדֵי:(차데)

의 :צַדִּיק(차디크)

코 :냄새 맡는 기능 =그리스도의 향기를 맡아 소유가 되는 기능

פּ | פֶּה :(페) | **입 :** 먹는 기능과 말하는 기능. (성령의 능력으로 말씀을 먹고 말씀을 말하는 기능)

שׁ | שִׁין:(신) | 윗니=올바르게 하다. 은혜의 성령

מְנוֹרָה 메노라 | שׂ | שִׂין :(쉰) | 아랫니=올바르게 하다. 진리의 성령

회복의 마지막 마무리 (בָּרַךְ :(바르):**바라크의 축복**)

[성경] **창1:27-28절** **(27)**하나님이 자기 형상 곧 **하나님의 형상대로 사람을 창조하시되** 남자와 여자를 창조하시고 **(28)하나님이 그들에게 복을 주시며** 그들에게 이르시되 **생육하고 번성하여 땅에 충만하라, 땅을 정복하라,** 바다의 고기와 공중의 새와 땅에 움직이는 **모든 생물을 다스리라** 하시니라. **우리에게 주신 "복(福)의 본질 : בָּרַךְ :**(바라크)"다.

성경의 마지막 목적

*** 신부 회복의 사역동사 알파벳의 구성 특징.**

하나님의 언어(히브리어)**를 통해서**(아는 지식) 하나님을 바로 알게 하시고 예수님의 **거룩한 신부들을 진리의 성령으로 단장시켜** 혼인 잔치를 치르시고 새 예루살렘 성에 영원한 삶을 누리시려는 목적으로 알파벳으로 계시하셨다. 이를 위한 알파벳에 대한 해석이다.

고전2:9-10절 **(9)** 기록된바 하나님이 자기를 사랑하는 자들을 위하여 예비하신 모든 것은 눈으로 보지 못하고 귀로도 듣지 못하고 사람의 마음으로도 생각지 못하였다 함과 같으니라. **(10)**하나님께서는 성령을 통하여 우리에게 계시하셨으니, 성령께서는 모든 것, 심지어 하나님의 깊은 것들까지도 통찰하신다.

למד

"ל" :[3925]: למד :(라멛)

(1) [구성]

① ו:(바브) -**거듭남. 부활**과 כ:(카프) -신랑의 **권능. 능력. 재능.**

ל:(라멛) -ו:**(6)** + כ:**(20)** =**26**= ה:**(5)** + ו:**(6)** + ה:**(5)** + י**(10)** : **예호바**:(יהוה) 의 사역을 의미한다.

② **"하늘과 땅을 연결하는 기능"** = " י:(예호바)"가 하늘로부터 내려와 "ו:(못 박히심으로)"로 (하늘과)연결하여 כ:(카프)되게 하는 사역을 뜻함.

(2) [사전]

① 양몰이**막대. 양육. 목자의 지팡이.**

② [3898] לָחַם:(라함) :- **먹이다. 장성하게 하다. 성숙하게 하다.**

③ **[동] 통제하다. 배우다. 자극하다. 가르치다. 돌보다.**

④ **[전]** ל(레) :~에게. ~대하여, ~앞에 // to, for,

(3) למד:(라멛) 알파벳에는 3단어가 합성되어 있다.

① [3899] לֶחֶם :(레헴) **[명]** 양식(form). 먹이(food). 음식(food). 빵(bread). 곡식(grain). **[동]** 먹이다(batten). 먹게 하다(To eat). 양식이 되다(Become food).

요6:26-35절 (27)썩는 양식을 위하여 일하지 말고 영생하도록 있는 양식을 위하여 하라. 이 양식은 인자가 너희에게 주리니 인자는 아버지 하나님의 인치신 자니라. **(28)**그러자 그들이 말하기를 **"우리가 하나님의 일들을 하려면 무엇을 해야 합니까?"** 라고 하니 **(29)**예수께서 대답하여 가라사대 **하나님의 보내신 자를 믿는 것이 하나님의 일이니라.** 하시니

(31)기록된바 하늘에서 저희에게 떡을 주어 먹게 하였다. 함과 같이 우리 조상들은 광야에서 만나를 먹었나이다. **(33)하나님의 떡은 하늘에서 내려 세상에게 생명을 주는 것이니라. (35)예수께서 가라사대 내가 곧 생명의 떡이니 내게 오는 자는 결코 주리지 아니할 터이요 나를 믿는 자는 영원히 목마르지 아니하리라.**

요6:48-58절 (48)내가 곧 생명의 떡이로라. (51)나는 하늘로서 내려온 산 떡이니 사람이 이 떡을 먹으면 영생하리라. 나의 줄 떡은 곧 세상의 생명을 위한 내 살이로라 하시니라. (54)내 살을 먹고 내 피를 마시는 자는 영생을 가졌고, 내가 마지막 날에 그를 다시 살릴 것이다. **(55)내 살은 참된 양식이요 내 피는 참된 음료로다.**

② [3925] לָמַד :(라마드) : **[동]** 길들이다(Tame). 양육하다(Nurture). 가르치다(teach.). 배우다(learn.). 본받다(Take the pattern).

③ [3928] לִמּוּד :(림무드) : **[형]** 익숙(Familiar). 숙달(mastership). 성숙(Maturity). 장성하다(Mature). **[명]** 제자(disciple). 학자(Scholar). **[비유]** 도구. 가축몰이

④ [3925]: למד :(라마드) : **교훈하다. 가르치다. : 규례. 법도, 지혜, 지식의 가르침.** :-양육을 하기 위하여 사용하는 (목자)**막대기. 연습. 익힘.**(신 4: 5절/ 시25: 4절/ 잠30: 3절/ 호10:11절)/ -양들을 헤아릴 때 사용하며, 양과 염소를 구별할 때도 사용한다.

엡4:14-16절 (14)그러므로 우리가 더 이상 사람들의 속임수, 곧 거짓된 간계를 위한 술책에 빠져 온갖 교훈의 풍조에 흔들리는 **어린아이가 되지 말고, (15)**오히려 **사랑 안에서 진리를 말함으로 모든 일에 그분에게까지 자라나야 한다.** 그분은 머리시니, 곧 그리스도이시다. **(16)온 몸은 그리스도께 속해 있으며, 각 마디를 통하여 도움을 받아 함께 연결되고 결합된다.** 각 지체가 자기의 분량대로 역사함을 따라 몸이 자라나며, 사랑 안에서 자신을 세워 간다.(어린아이의 신부에서 장성한 신부로 성숙되어야 한다.)

히5:12-14절 (12)지금쯤은 너희가 선생이 되어야 마땅한데, 다시 **누군가가 너희에게 하나님의 말씀의 초보적 요소들을 가르쳐야 할 형편에 있어, 젖만 먹고 단단한 음식은 못 먹는 자들이 되었다. (13)**젖을 먹는 자마다 의의 말씀에 익숙하지 못한 자이니, 이는 **그가 어린아이이기 때문이다. (14)**단단한 식물은 장성한 자의 것이니 저희는 지각을 사용하므로 연단을 받아 선악을 분별하는 자들이니라.

고전14:20절 형제들아 지혜에는 아이가 되지 말고 악에는 어린아이가 되라 지혜에 장성한 사람이 되라. : **"진리를 아는 데는 장성한 자가 되라."**

고전13:11절 내가 어렸을 때에는 말하는 것이 어린아이와 같고 깨닫는 것이 어린아이와 같고 생각하는 것이 어린아이와 같다가 **장성한 사람이 되어서는 어린아이의 일을 버렸노라.**
출19:5절 "내게 속하다" : לִי:(리) 통제하시다. 양육 받다. 가르침 받다.
약1:26절 혀에 **재갈. :** לָשׁוֹן:(라숀) "(혀를) **재갈을 먹이지 아니하면," 다스리다. 통제를 뜻한다.**

(4) [게마트리아] "30" = ① (성삼위)**3** ×(충만)**10** :-삼일 하나님의 양육으로 모든 것에 충만하다. 는 뜻이다./ ② "לִי:(리)"알파벳 중에서 가장 큰 글자로서 가장 높은 권위를 뜻하고 가장 중앙에 위치한 성경적 핵심의 단어이다. (히브리어 22 글자 중 가장 작은 요드와 비교한다) ③ 숫자 값의 의미는 "גִמֶל:(기멜)(숫자 값) **3** × י(요드)(충만) **10 " =30**을 의미한다. (성령이 충만하다 –낮은 자의 충만-(죄의) 짐을 충만하게 지다.)

(5) [복음적 해석]

[분해] לָמֶד :(라멘) = ל:(라멘)양몰이**막대**(양육, 가르침, 성숙)- מ:(멤)**물**(말씀, 시험, 충만함)- ד:(달렛)**문**(출입, 열다, 양의문) :-**א**님 집의 문이 되도록 말씀으로 양육하는 의미를 לָמֶד:(라멘)라 한다.

(6) ל :(라멘) **: [중요 단어 성경 말씀]**

① **"마음" :**[3820] לֵב:(레브) :-마음. 심중. 가슴. 생각. 감동. 전심. 진심

창6:5절 여호와께서 사람의 죄악이 세상에 가득함과 그의 **마음으로 생각**하는 모든 계획이 항상 악할 뿐임을 보시고

② **"리브야단"** **:**[3882] לִוְיָתָן:(리브야단) : -리워야단. 뱀 구렁이. 용(龍). 큰 바다 괴물. 악어

욥3:8절 날을 저주하는 자들 곧 **리워야단을** 격동시키기에 익숙한 자들이 그 밤을 저주하였더라면,
사27:1절 그 날에 여호와께서 그의 견고하고 크고 강한 칼로 날랜 **뱀 리워야단** 곧 꼬불꼬불한 **뱀 리워야단**을 벌하시며 바다에 있는 **용을** 죽이시리라.

③ **"양식"** **:**[3899] לֶחֶם:(레헴) : -음식. 양식. 빵. 떡. 진설병. 희생 제물

레3:11절 제사장은 그것을 제단 위에서 불사를지니 이는 **화제로 여호와께 드리는 음식이니라.**

④ **"가르치다"** **:**[3925] לָמַד:(라마드) : -배우다. 본받다. 훈련하다. 길들이다. 가르치다. 연습하다. **[푸알]** 익숙하게 하다. 숙달되게 하다

신4:5절 내가 나의 하나님 여호와께서 **명령하신 대로 규례와 법도를 너희에게 가르쳤나니** 이는 너희가 들어가서 기업으로 차지할 땅에서 그대로 행하게 하려 함이라.

⑤ **"미드라쉬"** **:**[4097] :() :-(성경) 주석 책. 해석 책

대하13:22절 아비야의 남은 사적과 그의 행위와 그의 말은 **선지자 잇도의 주석 책에 기록되니라.**
대하24:27절 요아스의 아들들의 사적과 요아스가 중대한 경책을 받은 것과 하나님의 전을 보수한 사적은 다 **열왕기 주석에 기록되니라.** 그의 아들 아마샤가 대신하여 왕이 되니라.

⑥ "(아내)**맞이하다"** **:**[3947] לָקַח:(라카흐) :-취하다. 맞이하다. (아내)얻다. 결혼하다. 장가들다. 택하다

창4:19절 라멕이 **두 아내를 맞이하였으니** 하나의 이름은 아다요 하나의 이름은 씰라였더라.

⑦ **"레위"** **:**[3878] :(레비) :-레비. 결합하다. 연합하다. 화환. 왕관이 되다. (א님과)**연합하리라.**

창29:34절 그가 또 임신하여 아들을 낳고 이르되 내가 그에게 세 아들을 낳았으니 내 남편이 지금부터 **"나와 연합하리로다"** 하고 **그의 이름을 레위라 하였으며**

מ׳ים

“מ” :(멤) [4325] מֵים(멤)

(1) [구성] ① ו:(바브) **거듭남. 부활**과 כ:(카프) 신랑의 **권능. 능력. 재능.= 부활의 권능. [상형]** 물의 몸체와 같다. 물이 흐르는 모양.

מ(멤)(숫자 값)= ו:(바브)**6** + כ:(카프)**20= 26 = א**(알렙)= י:(요드)**10** + ו:(바브)**6** + י:(요드)**10 =26=** י:(요드)**10** + ה:(헤)**5** + ו:(바브)**6** + ה:(헤)**5 =예호바=** ל:(라멜) **구성 =** ו:(바브)**6 +** כ:(카프) **20 =26** 값이 같다. 동일한 의미

② **소피형**이며 ם:(멤) 구성은 두 개의 ד:(달렡) + ד:(달렡)으로 구성되어 있다. (단어 끝에 쓰일 때, 또는 완전함을 뜻할 때)

※ [주(註)] **א님 집의 문**(성전 문을 의미하며 출입을 뜻하기도 한다.) **“예호바흐의 구원의 권세**를 의미하고 **구원의 근원이신 예슈아”**를 뜻하는 감춰진 비밀의 상형문자로 “ם:(멤)”이라 한다. 그리고 **“닫힌 멤**:(ם)(말씀 사역 마침 & ו:(바브)가 흘러가지 못하는 것) **숨겨진 계시, 닫힌 계시”**라 한다.

[성경]

신29:4절 그러나 **깨닫는 마음**과 **보는 눈**과 **듣는 귀**는 오늘날까지 여호와께서 너희에게 주지 아니하셨느니라.
사29:9-14절 (9)너희는 놀라고 또 놀라며, 눈이 멀어 볼 수 없는 자가 되어라. 그들이 취하지만 포도주로 취함이 아니며 비틀거리지만 독한 술로 비틀거림이 아니다. **(10)**이는 **여호와께서 너희들 위에 깊이 잠들게 하는 영을 부으셔서 너희 선지자의 눈을 감기셨고 너희 선견자들의 머리를 덮으셨기 때문이다. (11)**그러므로 **모든 묵시가 너희에게는 마치 봉한 책의 말이라.** 그것을 **유식한 자에게** 주며 이르기를 그대에게 청하노니 이를 읽으라 하면 대답하기를 봉하였으니 못하겠노라. 할 것이요. **(12)또 무식한 자에게 주며** 이르기를 그대에게 청하노니 이를 읽으라 하면 대답하

기를 나는 무식하다 할 것이니라. **(13)**주께서 가라사대 **이 백성이 입으로는 나를 가까이하며 입술로는 나를 존경하나 그 마음은 내게서 멀리 떠났나니** 그들이 **나를 경외함은 사람의 계명으로 가르침을 받았을 뿐이라. (14)**그러므로 보아라, 내가 이 백성을 기이하고 기이한 일들로 다시 놀라게 할 것이니, 그들 중 지혜로운 자들의 지혜가 없어질 것이며 명철한 자들의 명철이 사라질 것이다."
롬11:8-11(25)절 (8)기록된바 하나님이 오늘날까지 **저희에게 혼미한 심령과 보지 못할 눈과 듣지 못할 귀를 주셨다** 함과 같으니라. **(9)**다윗도 말하기를 "그들의 식탁이 그들에게 올무와 덫과 걸려 넘어지게 하는 것과 보응이 되게 하시고, **(10)**그들의 눈은 어두워져 보지 못하게 하시며, 그들의 등은 항상 굽게 하소서." 라고 하였다. **(11)**그러므로 내가 묻겠다. **그들이 완전히 쓰러져 버릴 만큼 걸려 넘어졌느냐? 결코 그럴 수 없다. 오히려 그들의 넘어짐으로 말미암아 구원이 이방인에게 이르게 하여, 이스라엘이 시기를 하도록 하려는 것이다.**
고전2:9-10절 (9)기록되어 있기를 **"눈으로 보지 못하였고, 귀로 듣지 못하였고, 사람의 마음에 떠오른 적이 없는 것들을 하나님께서는 자신을 사랑하는 자들을 위하여 예비하여 주셨다."** 라고 하였다. **(10)하나님께서는 성령을 통하여 우리에게 계시하셨으니, 성령께서는 모든 것, 심지어 하나님의 깊은 것들까지도 통찰하신다.**
마13:13-17절 (13)그러므로 **내가 저들에게 비유들로 말하는 것은** 저들이 **보아도 보지 못하고, 들어도 듣지도 못하고 깨닫지도 못하기 때문이다. (14)**'이사야의 예언이 저희에게 이루었으니 일렀으되 너희가 듣기는 들어도 깨닫지 못할 것이요 보기는 보아도 알지 못하리라.' **(15)이 백성들의 마음이 완악하여져서** 그 귀는 듣기에 둔하고 눈은 감았으니 **이는 눈으로 보고 귀로 듣고 마음으로 깨달아 돌이켜 내게 고침을 받을까 두려워함이라** 하였느니라. **(16)그러나 너희 눈은 보고 있으니, 복이 있고, 너희 귀는 듣고 있으니 복이 있다. (17)**내가 진정으로 너희에게 말하니, 많은 선지자들과 의인들이 너희가 보고 있는 것들을 보기 원하였으나 보지 못하였고, 너희가 듣고 있는 것들을 듣기 원하였으나 듣지 못하였다."

(2) [은유] מַ׳ם (멤)(Mem)에는 세 가지 의미가 있다.

① **[4325] מַ׳ם** :(마임) **물. 샘물. 생수. 말씀. 사역. 진리.**

:[비유] 물로 포도주(요 2:1-10) 물과 성령(요 3:3-5절) 물로 세례(행2:38) 물로 씻어 말씀으로 깨끗게 하사(엡 5:26/ 벧전 3:21절 **물은 세례**)

② **참된 양식과 음료** : 예수님께서 말씀이시며 참된 (빵)양식이며 (포도주)음료이시다.

요6:54-55절 (54) 내 살을 먹고 내 피를 마시는 자는 영생을 가졌고 마지막 날에 내가 그를 다시 살리리니 **(55)**내 살은 참된 양식이요 내 피는 참된 음료로다.

③ **세상 = 땅**: 마귀도 하나님과 같이 세상을 다스리고 있다.

창1:10절 하나님이 **뭍을 땅이라 칭하시고 모인 물을 바다라** 칭하시니라. 하나님의 보시기에 좋았더라.

마13:47절 "또한 하늘나라는 바다에 던져져서 온갖 종류의 물고기를 모으는 그물과 같으니,

마4:19절 말씀하시되 나를 따라 오너라 내가 **너희로 사람을 낚는 어부가 되게 하리라** 하시니

요21:11절 시몬 베드로가 올라가서 그물을 육지에 끌어 올리니 **가득히 찬 큰 고기가 일백 쉰 세 마리라.** 이같이 많으나 그물이 찢어지지 아니하였더라.

אֱלֹהִים :(하나님의) + בְּנֵי :(아들들) =게마트라 수를 합하면 **153**이 됨.

(하나님의): ם י ה ל אֱ ה + י נֵ בְּ : (아들들)

40+10+5+ 30+ 1+ 5=**91+**10+ 50+ 2=**62=153**(하나님의 아들들)

요1:12절 영접하는 자 곧 그 이름을 믿는 자들에게는 **하나님의 자녀가 되는 권세**를 주셨으니

계2:26절 이기는 자와 나의 일들을 끝까지 지키는 자에게는 나라들을 다스리는 권세를 주겠다.

(3) [관용] =מַיִם **:마임**(쌍수) :-**물**(쌍수이므로 인식의 개념을 담고 있음)/ **"토라의 샘물"**을 상징함. **즙. 정액. 소변. 호수. 바다.**

※ [주(註)] 탈무드에서 **"מַיִם :마임**(쌍수)"은 **"토라**(율법)"라 한다. **"물"**은 씻는 기능과 생명이며 살리는 본질이기 때문에 **"מָשִׁיחַ : 마시야흐"**의 첫 글자가 되었다. 그래서 **"기름 부은 자와 왕"**을 의미한다.

(4) [문법 부사] ① **[접두어]** (전치사, 명사, 분사형) **~로부터, 라는 의미가 된다.**
② **[어미형**(소피)**]** ם(멤)은 **복수형**이거나 **완전함**을 뜻함.

※ [예(例)] אֱלֹהִים:(엘로힘)/ מַיִם :(마임)/ שָׁמַיִם:(샤마임) 복수형이고 완전함을 뜻한다)

(5) [게마트리아] (숫자값) **"40" :-시험하는 기간. 훈련하는 기간. 단장하는 기간.**
(광야40년/ 예수님40일 금식 홍수40일).
① **40**은 정결하는 기간. 고난의 기간. 사역하는 기간(부활 후 40일)을 뜻한다.
② **"40" = 4 × 10** :[설명] **4**(4번째 알파벳 ד:(달렡))의 의미와 **10**(10번째 알파벳 י:(요드))와 연합한 뜻이 있다.

(6) [파생] אֵם(엠) **엄마를 의미한다.** /자궁을 의미함 מ:(열린자궁)과 ם:(닫힌자궁)을 뜻함.

미리암 : מִרְיָם:(미리암) "태중에 40일 지나면 태어난다." - "태를 열어 아들을 보게 하다." (40주 임신기간)
마콤 : מָקוֹם:(마콤) **"나타내시는 것과 감추시는 것을 뜻함"**(사57:15절)
물 : מַיִם (멤) **"하늘의 감추인 물과 땅 열린 물을 하나님 손으로 나누신다."** (다스리신다.)

(7) [중요 단어 성경]

① [4899] מָשִׁיחַ:(마시야흐) : -기름 부음을 받은 : 메시야. 왕. 제사장. 성별된 자.

단9:25절 그러므로 너는 깨달아 알지니라 예루살렘을 중건하라는 영이 날 때부터 **기름 부음을 받은 자 곧 왕이** 일어나기까지 일곱 이레와 예순두 이레가 지날 것이요 그 곤란한 동안에 성이 중건되어 광장과 거리가 세워질 것이며,

② [4427] מָלַךְ:(말라크) : -**다스리다**. 보좌에 오르다. 통치하다.

창36:31절 이스라엘 자손을 **다스리는 왕**이 있기 전에 에돔 땅을 다스리던 왕들은 이러하니라.

③ [4478] מָן:(만) : -**만나**, '이것은 무엇인가?'라는 의미. 이스라엘이 광야 40년 동안 하나님께서 내려주신 매일의 양식이었다. 이 만나의 컨셉은 **"하늘에 속한 영의 양식 토라**(예슈아)**와 법도**(진리)"를 의미한다.

출16:31절 이스라엘 족속이 그 이름을 **만나**라 하였으며 깟씨 같이 희고 맛은 꿀 섞은 과자 같았더라.

נוּן

"נ" [5126]: נוּן:(눈) [원형:5125]

(1) <u>**[구성]** ו:(바브) -**갈고리**(연결)과 ז:(자인) -**무기**(복음) **성령의 검**</u>. = נ :(눈) 왕의 무기로 거듭나게 할 자들(신부들로 사역 되어질 도구를 뜻한다.)

[소핏형] "ן"= **"영속자"** : [1121]: בֵּן:(벤) :-(예호바)아들과 같은 물고기.

(2) [사전] 물고기 : 영속. 장구./ 뱀. 씨앗.의 상형문자다.

① **14째 글자.** 다시 싹트게 하다. 새순으로 증식시키다. 영속하다.

② **[아람어]** מָן:(만) : -**"만나"**는 "מ:(멤) **물**"과 " נ:(눈) **물고기**"는 서로 깊은 연관이 있다. 특히 물고기는 물을 떠나서는 살아갈 수 없다. 그러므로 **"이스라엘을 광야 40년 동안 하나님께서 하늘에서 내려온 만나"**를 먹이신 것은 **하나님의 말씀**(살리시는 영의 양식)이라는 것을 알 수 있다.

③ [어원:5564] סָמַךְ:(싸마크) : **공급하다. 의지하다. 지탱하다. 조력하다. 붙드시다. [니팔]** 받쳐지다. 지지받다. 의지하다. **[피엘]** 머물다. 회복하다.(출33:11절 <u>**눈**</u>의 아들 여호수아)

[설명] (생명양식)**공급하다**(요6: 27, 벧후1:3)**.** (θ님)**의지하다**(시2:12, 잠3:5, 16:20, 렘2:37)**.** (말씀)**지키다**(신5:10, 8:2-3, 시25;10)**.** <u>(ו:(바브)연합) **조력하다**(갈고리:출26:1-11, 사56:7,)</u>(전4:9-10절 붙들다)**.**

(3) [게마트리아]

① **"50"** :-**자유. 생명. 충만함.**

② 출애굽에서 토라 주시기까지 **50일** (오순절-**오멜의 카운팅**).

③ **희년의 50년**

④ <u>**오병이어로 5,000명**을 먹이심**(50명씩 100무리 앉히심** =왕의 무기(생명의 말씀)로 거듭나게 될 자들을 나누어 앉히심</u>**)**

⑤ **"50"**의 구성은 **5**(ה:헤-생명) × **10**(י:요드-권세) = **50**을 "구원을 충만케 하다. & 가득 채우시다."를 의미한다.

(4) 알파벳 14번째 글자 נ:(눈)은 숫자 값 **14**의 **"다윗 :** דוד:(다비드)**"**의 숫자 값이 같은 **14**다. 이는 예수님 족보 14대를 의미하기도 한다.

다윗= דוד:(다비드)= ד:**(4)+** ו:**(6)+** ד:**(4)= 14숫자 값=** נ:(눈)**알파벳 14번째**

[헬라어] : ΙΧθΎΣ **:(익투스) 물고기**		
Ἰησοῦς :(이예수스)	**예수**	ΙΧθΎΣ :(익투스) **"하나님의 아들 구원자 예수"**
Χριστός :(크리스토스)	**그리스도**	
θεός :(데오스)	**하나님**	
Ὑίός :(휘오스)	**아들**	
Σωτήρ :(소테르)	**구원자**	

(5) [복음적 해석]

"물고기 153마리" : א님의 아들들 = אֱלֹהִים:(엘로힘) **하나님의 +**

בְּנֵי:(베니) **아들들**

אֱלֹהִים :(하나님의) + בְּנֵי :(아들들) =게마트라 수를 합하면 **153**이 됨. (**א**님의): ם י הִ לֹ אֱ ה + י נֵ בְּ : (아들들) **40+10+5+30+1+ 5=91+ 10+ 50+ 2=62= 153**(**א**님의 아들들)
요21:11절 시몬 베드로가 올라가서 그물을 육지에 끌어 올리니 가득히 찬 **큰 물고기가 백쉰세 마리라** 이같이 많으나 그물이 찢어지지 아니하였더라.
요1:12절 영접하는 자 곧 그 이름을 믿는 자들에게는 **א님의 자녀가 되는 권세를 주셨으니**
계2:26절 이기는 자와 나의 일들을 끝까지 지키는 자에게는 나라들을 다스리는 권세를 주겠다.

(6) נ :(눈)의 중요 단어 성경 말씀]

① [5030] נָבִיא:(나비) : -선지자. 예언자. 대언자.

신13:2절 너희 중에 **선지자나 꿈 꾸는 자가** 일어나서 이적과 기사를 네게 보이고

② [5000] נָאוֶה:(나베) : -마땅한, 합당한, 적당한, 아름다운, 어여쁜

시33:1절 너희 의인들아 여호와를 즐거워하라 찬송은 정직한 자들이 **마땅히 할 바로다.**

③ [5048] נֶגֶד:(네게드) : -배필. 마주하다. 앞에 두다. 바라보다.

출34:10절 여호와께서 이르시되 보라 내가 언약을 세우나니 곧 내가 아직 온 땅 아무 국민에게도 행하지 아니한 이적을 **너희 전체 백성 앞에 행할 것이라** 네가 머무는 나라 백성이 다 여호와의 행하심을 보리니 내가 너를 위하여 행할 일이 두려운 것임이니라

④ [5175] נָחָשׁ:(나하쉬) : -('쉿하는 소리'에서 유래)뱀. 뱀의 형상.

창3:1절 그런데 **뱀은** 여호와 하나님이 지으신 들짐승 중에 가장 간교하니라 **뱀이** 여자에게 물어 이르되 하나님이 참으로 너희에게 동산 모든 나무의 열매를 먹지 말라 하시더냐?

⑤ [5315] נֶפֶשׁ:(네페쉬) : -영혼. 자아. 생명. 피조물. 마음. 뜻. 소망. 감정. 욕심. 중심. 성욕.

창9:4절 그러나 고기를 그 **생명**(혼) **되는 피째 먹지 말 것이니라**

סמך:

"ס" [5564]: סָמֶךְ:(싸멕)

(1) [구성] ס:(싸멕) ① ו:(바브)가 **알파벳 22자**를 감싸고 있는 형상의 알파벳이다. ② **22자**의 **알파벳의 기준값**으로 **척량하는 잣대(尺)**를 의미하기도 한다. ③ סָמַךְ:(샤마크)는 닫힌 원형의 모양으로 순환적 의미가 있으며, 문자마다 서로 연동하고 있다. ④ **"결혼반지"**를 연상하게 하고, 남편과 아내가 감싸서 결합하는 하나되는 모양을 상징한다.

(2) [사전] 가시. 방패. 울타리. 원(순환) **[동]**[5564] סָמַךְ:(샤마크) 공급하다. 지탱하다. 고정하다. 견고하다. 원조하다. 순환하다.

※ [예(例)] 계절의 순환. 생물의 순환(식물들의 계절 변화). 만물의 재생적 생태. 성경적 표현으로 거듭남을 의미한다. 또한 하나님의 말씀이 역사적 교훈의 공급과 순환성이 있다.

(3) [게마트리아] "60" :-**6**(ו:(바브)거듭남) × **10**(י:(요드)가득 채우다) =**생명의 말씀으로 거듭남이 충만한지를 측량한 숫자를 뜻한다**. (이를 복음적으로 해석하면 ו:(바브)=**부활**의 모습이 구원의 기준이라는 의미다.)

[참조] 레위 지파와 아론 제사장 축복에 사용된 글자의 숫자 **60**./ 단어 **15**개로 기록되어 있음. (출40:13절 레8:22-28절 민24:24-26절 신10:8절)

(4) [동의어] ① [5437] סָבַב:(싸바브) **순환하다. 순회하다. 둘러싸다.**

※ **[주(註)]** **"집"**을 뜻하는 **"ב:**(베트)**"**가 두 글자나 있다. **"ב:**(베트)**"**는 하나님의 창조적 목적을 의미하며, **"ב:**(베트)**"**가 **"시작과 마침의 기준"**이라는 뜻을 상형화 한 סָמַךְ:(샤마크)다. (**א**님 거처 시작=새 예루살렘)

② **규정 :(양(量)과 잣대(尺) :** -[5429] סְאָה:(쎄아) **측량**(測量). **규정하다.** (도량 단위 스아)**세아/ 척량**(尺量)**하다.**

창18:6절 아브라함이 급히 장막에 들어가 사라에게 이르러 이르되 속히 고운 가루 **세 쎄아**를 가져다가 반죽하여 떡을 만들라 하고

(5) [파생] סֶמֶךְ:(싸멕)은 "סֻכָּה:(쑤카)**장막.**"의 글자에서 파생/ **성막의 지주. 잣대. 기둥**(출26:32절 성막의 네 기둥)**. 보호막**(성막 안 =틀). **보호하다.**

(6) [중요 단어]

"순환하다" : סָבַב:(싸바브) :-스스로 돌다. 순회하다. [호필] 자신이 돌다. (알파벳은 순환적 연결의 언어다) "**אֵת**:(에트)" **처음과 나중/ 시작과 끝/** 하나님은 십자가로 완성하다.

"장대" : נֵס:(네쓰)" **:** 여호와께서 모세에게 불뱀을 만들어 **장대**(נס)위에 매달아라. 그것을 보면 살리라. (민21:8절)

[5490]: סוֹף :(쏘프) : -**결말. 결국. 시종의 결과.**(생명의 말씀 금 갈대로 측량한 결과)

시145:14절 여호와께서는 모든 넘어지는 자들을 **붙드시며**(סָמַךְ:싸마크)

전12:13절 일의 **결국**(סוֹף :(쏘프)) 다 들었으니 하나님을 경외하고 그의 명령들을 들을지어다.

조부: סַב:(싸브) **할아버지**(집을 지탱하게 하다/ 집의 의지가 되다.)

(7) 첼렘 형상 닮은 신부들의 측량 기준.

[**신부 단장**(회복)과 **하나님**의 **전신 갑옷**]

<u>"ר :(레쉬)"~ "ע:(아인)"까지 **성취**</u>.

엡6:11-17절 (11)마귀의 궤계를 능히 대적하기 위하여 **하나님의 전신 갑주를 입으라. (12)**이는 우리의 싸움이 혈과 육에 대한 것이 아니요, 통치자들과 권세자들과 이 어두움의 세상 주관자들과 하늘에 있는 악한 영들에 대한 것이기 때문이다. **(13)**그러므로 **하나님의 전신 갑주를 취하라.** 이는 악한 날에 너희가 능히 대적하고 모든 일을 행한 후에 서기 위함이라. **(14)**그런즉 서서 **진리로 너희 허리띠**를 띠고 **의의 흉배**를 붙이고 **(15)발에는 평화의 복음**을 전할 준비로 신을 신고, **(16)**모든 것에 대하여 **믿음의 방패**를 가지고, 이것으로 악한 자의 모든 불화살들을 능히 소멸시키며, **(17)구원의 투구와 성령의 검,** 곧 **하나님의 말씀을 가져라.**

"전신 갑주의 기준"은 סמך:(싸멕)이다.

[파생] סמך:(싸멕)은 " סכה:(쑤카)**장막**"의 글자에서 파생/ **성막의 지주. 잣대. 기둥**(출26:32절 성막의 네 기둥). 그러므로 **"전신 갑주"**의 기준은 하나님의 성막 기둥으로 쓰임에 맞아야 기둥으로 세울 수 있으며 이 기둥마다 연결하는 **"은 갈고리"**가 있다.
[주(註) : **전신** :온몸을 뜻한다./ **갑주**(甲冑) :온몸을 보호하는 갑옷과 투구를 뜻한다.]

[강해] **전신 갑주**는 히브리어 알파벳 하나님의 사역 동사 "ל:(라멘)"~"ר :(레쉬)"까지 **하나님의 형상 회복**이 성취된 모습을 말한다. 이를 신부 단장이라 한다. **[신부 단장]**은 "ע:(아인)"~"ר :(레쉬)"까지 회복된 모습을 뜻한다. 이 단어들의 구성을 살펴보면 " ו :**거듭남**(부활 -은 갈고리)"와 " כ :**권능**(θ님 아들의 권능-하나님의 굽은 팔)" 의 알파벳으로 구성되어 있다.

[계시의 말씀]

(1) (계3:7-12절 빌라델피아 교회)**: 사단의 회의 미혹과 유혹에서도 이기는 자에게 "성전의 기둥"되게 하리라.**

"성전 기둥" :[5982] עַמּוּד:(아무드) :기둥. 원주(**圓柱**). 불 기둥. 구름 기둥. (성령 임재. 주의 임재)
(은) 갈고리 :[2053] וָו :(바베) **:갈고리** + [3701] כֶּסֶף :(케쎄프) **은**(銀). : -아도나이 복음적 말씀의 능력의 잣대 기둥을 의미하는 단어다.
주(註) : 하나님의 기둥 = 전신 갑주를 입으려면 **"거듭남"**의 잣대 기준에 맞아야 입을 수 있다는 은유적 뜻이 있다.
[히·역] 딤전3:15절 내가 늦어지면 그대가 하나님의 가족 안에서 어떻게 행동을 해야 할지 알려주기 위함이라. 이 가족은 **"살아계신 하나님을 믿는 공동체이며 진리의 기둥의 터이다."**

"ס" [5564]: סמך:(싸멕)이 가지고 있는 뜻과 은유적 의미 중에 **조력하다**(ו:(바브)연합) (갈고리: 출26:1-11, 사56:7,) 또는 [게마트리아] **"60"** :-**6**(ו:(바브)거듭남) × **10**(י:(요드)가득 채우다) =**생명의 말씀으로 거듭남의 충만한지 측량하는 잣대의 복음적 뜻이다.**

[설명] 본문의 **"하나님의 전신 갑주"**는 싸움을 위한 갑옷이다. 그러므로 **"하나님의 전신 갑주"**를 입으려면 몇 가지 기준이 맞아야 입을 수 있는 것이다.

첫째는 군사로 선택 받은 자이어야 한다. 특히 장성한 성숙된 강성한 자이어야 한다. 어린아이는 싸움에 나갈 수 없다. 연약하여서 무장할 수가 없고 싸울 능력이 부족하여 싸워보지도 못하고 죽임을 당할 것이다.

둘째는 훈련을 잘 받은 능력이 준비된 자여야 한다. 무기 사용에 능수능란하여야 하며 무기를 잘 다룰 수 있어야 한다. 그리고 훈련을 통해서 잘 단련된 힘 있는 자이어야 하고 또한 전술에도 익히 아는 자로 **"부르신 자의 잣대에 갖춰진 자"**이어야 **"전신** (투구와 옷)**갑주"**를 입을 수가 있다.

셋째는 군사로 부르신 자를 위해 죽도록 충성하는 자이어야 한다.

딤후2:3-4절 (3)네가 그리스도 예수의 좋은 군사로 나와 함께 고난을 받을지니 **(4)** 군사로 다니는 자는 자기 생활에 얽매이는 자가 하나도 없나니 이는 **군사로 모집한 자를 기쁘게 하려 함이라.**

-군사로 부르신 자를 위해 죽도록 충성하는 것이 본분이다.

계2:10절 너는 고난 받을 것을 두려워하지 마라. 보아라, 마귀가 너희 가운데 어떤 이들을 감옥에 던져 시험을 받게 할 것이다. 너희가 십 일 동안 환난을 당할 것이나, **너는 죽도록 충성하여라.** 그렇게 하면 내가 생명의 면류관을 네게 주겠다.

-"맡은 자들의 구할 것은 충성이라."

고전4:1-2절 (1)이와 같은 사람. **우리는 그리스도의 일꾼이고 하나님의 비밀을 맡은 자**로 여겨야 한다. **(2)맡은 자에게 요구되는 것은 충성이다**.

"전신 갑주" 입을 수 있는 세 가지 잣대의 기준을 살펴보았다. 이는 "거룩한 신부 단장"이라 은유적 표현으로 히브리어 알파벳 22자를 통해서 감춰진 "하나님의 전신 갑주의 비밀"을 깨닫게 된다.

엡6:12-17절 [바른·역] **(14)**그러므로 너희는 서서 진리로 너희 허리를 동이고, **의의 가슴막이**를 붙이고, **(15)**발에는 **평화의 복음을 전할 준비로 신을 신고**, **(16)**모든 것에 대하여 **믿음의 방패를** 가지고, 이것으로 악한 자의 모든 **불 화살들을 능히 소멸시키며**, **(17)구원의 투구**와 **성령의 검**, 곧 하나님의 말씀을 가져라.

계1:13-16절 (13) 그 촛대들 가운데 인자 같은 분께서 **긴 옷을 입고 가슴에 금띠를 띠고** 계셨다. **(14)**그분의 **머리와 머리카락은 흰 양털과 눈처럼** 희고, **그분의 눈은 불꽃 같았고,** **(15)**그분의 **발은 풀무불에서 제련된 주석 같고,** 그분의 **음성은 많은 물소리** 같았다. **(16)**그분은 오른손에 일곱별을 가지고 계셨으며, **그분의 입에서는 양날 선 검이 나오고**, 그분의 **얼굴은 해가 힘 있게 비치는 것 같았다**.

알파벳	의미	전신 갑주	계시의 성취(회복)	말씀
ע:(아인)	**눈** : 빛	**평화의 복음**	**발은 풀무불에서 제련된 주석 같고**	**발**(신발) (요14:6절) 나는 길이요.
צ:(차데)	**코** : 의(義)	**의의 가슴막이**	**의의 가슴막이**	**의의 겉옷** (사61:10절) 신부 단장.
פ:(페)	**입** : 증언	**성령의 검**	**입에서는 양날 선 검이**	좌우 날선 검 (계1:16절, 19:15절)
ק:(코프)	**귀** : 거룩	**전신 갑주**	**얼굴은 해가 힘 있게 비치는 것**	주의 음성 (시95:7절) 거룩하라 (벧전1:15절)
ר:(레쉬)	**머리** : 신랑	**구원의 투구**	**흰 양털과 눈처럼** 희고	θ님 얼굴 (출33:20절) 모세 얼굴 (출34:29-30)
שׁ:(쉰)	**치아** : 소멸	**불 화살들**	**눈은 불꽃**	여호와의 불 (민11:1절, 16:35절)

עין

"ע" :[5869] עַיִן:(아인)

(1) [구성] ו:(바브) **갈고리**(연결)과 **ז**:(자인) **-무기**(복음) **성령의 검.** : **נ**:(눈-Eye)과 같은 알파벳 구성으로 되어 있으며 같은 의미와 뜻도 있다. (빛을 보는 것)**통찰을 뜻함.** 또는 **이해하는 것. 복종하는 것.**(렘5:21절 사6:10절 마13:15절)

(2) [사전] [명] **눈. 샘. 이해. 복종. 분천(빛**이신 예수님을 상징) **근원.**

[설명] "עַיִן:(아인) **눈"**의 해석 :-대개 우리 몸에 있는 신체 기관을 의미하고 있습니다. 하지만 이 단어는 종종 사람 성격의 특징을 나타내기도 하는데 고대 이스라엘에서는 눈이 **사람의 진정한 성격**을 나타내는 상징으로 여겨졌기 때문입니다.

(3) [게마트리아][숫자 값] **"70"** :-**ז**:(자인)**7-무기**(복음)와 **י**:(요드)**10-손**(권능 충만)

= **복음의 능력이 충만함**. : -**[원형] [동]** (물. 눈물)**흐르다. 흘러나오다.**

(숫자 값) :[계시] 70이레/ 애굽으로 간 야곱의 가족 70인/ 창조계획 7일 채운 수 10 = 70 완성의 수

(4) [관용] "עַיִן:(아인) **눈"**의 해석 : -대개 우리 몸에 있는 신체 기관을 의미하고 있습니다. 하지만 이 단어는 종종 사람 성격의 특징을 나타내기도 하는데 고대 이스라엘에서는 눈이 **사람의 진정한 성격**을 나타내는 상징으로 여겨졌기 때문입니다.

(5) [은유] "עַיִן:(아인) **눈"** 뒤에 숨겨진 **눈의 의미?**(악한 눈과 좋은 눈).

① 성경은 가난한 사람들에게 רַע עַיִן:(라아 아인):-**미운 눈. 질시 눈**이 있습니다.(신28:54절)

② 자비를 갖거나 동정심 갖는 것은 חוּס עַיִן :(하스 아인):-**인색한 눈. 긍휼 없는 눈**.(신7:16절)

③ 눈은 거만함이 될 수 있습니다. רוּם עֵינָיו:(룸 에이나브) : **-높은 눈. 교만의 눈**(사 10:12절)

④ 하나님이 구원하는 겸손한 눈 שַׁח עֵינַיִם:(샤흐 에이나임): **-낮은 눈. 겸손의 눈** (욥22:29절)

신6:4절의 원어를 보면 첫 단어 **"שְׁמַע:(세마)"와 마지막 단어 "אֶחָד:(에하드)"**의 어미 알파벳이 확대되어 있다. **"עד:(아다)" :하나님의 이름을 보라**/ 즉. **빛의 문을 보라**이다.

[참조] (하나님 디자인 ***히브리어*** P-264/ **아인**의 게마트라)
(창3:5절 너희가 그것을 먹는 날에는 너희 **눈**이 밝아/ 창 16:7절 여호와의 사자가 광야의 **샘** 곁 곧 술길 **샘**물 곁에서)/ (삿15:19절 삼손이 그것을 마시고 정신이 회복되어 소생하니 그러므로 그 **샘** 이름은 [5869]: עַיִן:(아인)-**눈을 뜨다.** + [7121]: קָרָא:(**카라**)
:-청하다. -(18절에서 부르짖어) 요청한 **샘**)

=[7121]: קָרָא:(카라) : -(請하다)**부르다.**(요청. **초청.** 소명) [6963:콜-**초청**] 사역을 위한 **부름.**

[5771]: עָוֹן:(아본) : -허물. 허물을 벗다.(창4:13절, 잠16:6절) 눈을 뜨다. 보게 하다.

(6) [중요 단어 성경]

① **"구름" :**[5645] עָב:(아브) :-빽빽하다. 구름. 운무. 수풀

삿5:4절 여호와여 주께서 세일에서부터 나오시고 에돔 들에서부터 진행하실 때에 땅이 진동하고 하늘이 물을 내리고 **구름도 물을 내렸나이다.**

② **"종(從)" :**[5650] עֶבֶד:(에베드) : -종. 노예. 노비. 신하. 품꾼. 사환

창9:25절 이에 이르되 가나안은 저주를 받아 그의 형제의 **종들의** 종이 되기를 원하노라.

③ **“히브리”** :[5680] עִבְרִי:(이브리) : -이스라엘 족속 명칭. 유대민족 호칭

창14:13절 도망한 자가 와서 **히브리 사람 아브람에게** 알리니 그 때에 아브람이 아모리 족속 마므레의 상수리 수풀 근처에 거주하였더라. 마므레는 에스골의 형제요 또 아넬의 형제라 이들은 아브람과 동맹한 사람들이더라.

④ **“증인”** :[5707] עֵד:(에드) : -증인. 증거. 증언

출23:1절 너는 거짓 소문을 퍼뜨리지 말며 사악한 자와 손을 잡고 **불의한 증인이 되지 말라.**

⑤ **“단장”** :[5710] עָדָה:(아다) :-단장하다. 장식하다. 채우다. 꾸미다 / 지나가다. 나아가다. **[히필]** 제거하다. 치우다

겔23:40절 또 너희가 사람들에게 사자를 보내어 먼 곳에서 그들을 오게 하니, 보라, 그들이 왔느니라. 네가 그들을 위하여 **네 몸을 씻으며 네 눈에 화장을 하고 장식물로 몸을 단장하며,**

פה

"פ" :[6310]: פה:(페)

(1) [구성] "פ"= <u>י(요드)신랑의 **권세.** (왕)**권위**와 כ(카프)신랑의 **권능. 능력**</u>. /

"פ"는 사람 얼굴을 상형화하여 열린 입을 표현하였다. 글자 안에 "שׂ:(신)&

י(요드)" & "שׁ:(쉰)" **치아**가 숨어있다. (마18:16절)

[숨겨진 비밀] א님 형상(첼렘)의 입 안에 윗니와 아랫니의 치아와 중심에 혀가 있다. 이것을 히브리어로 표현하면 " שׂ:(신)+ י:(요드)+ שׁ:(쉰)"이 된다. 이를 **"일곱 등대 : 메노라의 능력"**이라 한다. 이런 능력은 신랑되신 예슈아 밖에 없다. 이를 돕는 배필인 א님의 형상(첼렘) 닮은 신부들에게 주신 축복을 말한다. "바라크"이다. 이런 권능이 **" פ(페) 입"**의 감춰진 비밀이다. 이것을 마지막 때에 **"두 증인"**들에게 주신다.

(2) [사전] 입(말하다). **먹이. 식량. 말씀. 호흡. 증언. 입속.**

פּ(강세점) **P**(발음)을 내고 פ(강세점 없음) **F**(발음)을 낸다. [소핏형] 단어 끝에는 ף같이 길다.
"두 증인의 입" : 마18:16절 그러나 그가 듣지 않으면 너는 너와 함께한 두사람을 더 데리고 가서 **"두 증인들의 입**으로 **확증하리라."**
계11:1-3절 (1) 또 내게 지팡이 같은 갈대를 주며 말하기를 일어나서 하나님의 성전과 제단과 그 안에서 경배하는 자들을 척량하되 **(2)**성전 밖 마당은 척량하지 말고 그냥 두라 이것을 이방인에게 주었은즉 저희가 거룩한 성을 마흔 두달 동안 짓밟으리라. **(3)내가 나의 두 증인에게 권세를 주리니 저희가 굵은 베옷을 입고 일천 이백 육십 일을 예언하리라.**

(3) [게마트리아] 숫자 값 : **"80"**(새롭게 되어 충만하다)/ **강건함**(시90:10절)

-**"8 :ח**:(헤트)**울타리**(구원. 부활)" × "**10:** י:(요드)-**손**(권능 충만)" =**구원을 충만하게 하는 권능의 입.** (=The mouth of power that fills salvation.)

"증언할 입" 계12:10-11절 (10)내가 또 들으니 하늘에 큰 음성이 있어 가로되 이제 우리 **하나님의 구원과 능력과 나라와 또 그의 그리스도의 권세가 이루었으니** 우리 형제들을 참소하던 자 곧 우리 하나님 앞에서 밤낮 참소하던 자가 쫓겨 났고 **(11) 그들이 어린 양의 피와 자신들이 증언한 말씀으로 그를 이겼으며, 죽기까지 자신들의 목숨을 아끼지 않았다.**
"이기는 자의 입" 계21:6-7절 (6)또 내게 말씀하시되 이루었도다 나는 알파와 오메가요 처음과 나중이라 내가 생명수 샘물로 목 마른 자에게 값 없이 주리니 **(7)**이기는 자는 이것들을 상속받을 것이며, 나는 그의 하나님이 되고 그는 나의 아들이 될 것이다.

(4) [관용] "입의 기능" :말하다. 소리 낸다. 먹는다. 표현하다. 호흡하다. (음식)통로이다. 또는 입구. 가장자리. 부분. 구멍. 또는 증언. (이해)표현.

פה:(페) 안에 예호바 생명의 집에 대한 말씀 기능이 있음을 계시함.
눈으로 "ע(아인)" **하나님의 지식을 알고** 지식에 대한 **증언을 하는 입** "פ(페)"를 뜻한다.
"좌우 날선 검의 입" 계1:16절 그 오른손에 일곱 별이 있고 **그 입에서 좌우에 날선 검이 나오고** 그 얼굴은 해가 힘있게 비취는 것 같더라.
"입의 검" 계2:16절 그러므로 회개하라 그리하지 아니하면 내가 네게 속히 임하여 **내 입의 검으로 그들과 싸우리라.**

(5) [파생] [6284]: פָּאָה :(파아) [어근]: 훅 불다. 불어 날리다. 구석으로 흩어 버리다.

<table>
<tr><td>פֵּה:(페)안에 예호바 생명의 집에 대한 말씀 기능이 있음을 계시함.</td></tr>
<tr><td>(해석) 눈으로 "ע(아인)" 하나님의 지식을 알고 지식에 대한 증언을 하는 입 "פ(페)"를 뜻한다.</td></tr>
</table>

<table>
<tr><td>신32:26절 내가 그들을 흩어서 인간에서 그 기억이 끊어지게 하리라. "훅 불어서(사방으로)"((머리) "끝":(레19;27절 21:5절) [6285] פֵּאָה :(아페) :모퉁이. 4방위. 경계.
방향. 지역. 구석.
[유래:6311]: פֹּה:(포) (여성형) :-끝. 극. 구석. (입으로 호흡하다)</td></tr>
</table>

예레미아 애가 전체에 대한 계시적 의미 (22절의 감춰진 비밀)
1장은 22절로 기록되어 있다. 각 절 첫 단어마다 알파벳 순서대로 시작하고 있다. **(하나님 말씀 전체를 계시하시는 말씀을 뜻한다.)**
2장도 1장과 마찬가지로 22절이 첫 단어가 알파벳 순서대로 기록되어 있다. 한 가지 다른 것은 16절 "ע(인아)"과 17절 "פ(페)"의 알파벳 순서가 바뀌었다. (이유는 **"하나님의 지식"**을 보고 알고 나서 입으로 전해야 하는데 알지도 못하면서 인본적인 생각으로 입으로만 증언하는 것을 뜻하고 있다)
3장은 66절로서 각 절마다 첫 단어에 알파벳 순서로 **3절**씩 반복하고 있다. (삼일 하나님의 강력한 권고하시는 말씀을 강조하고 있다.)
4장은 2장과 같이 **22절**이지만 특이한 것은 **16절** "ע(인아)"과 17절 "פ(페)"의 알파벳 순서가 바뀌었다.
5장은 22절은 맞지만 앞서 **4장**과 다르게 알파벳 순서가 엉망이다. (말씀을 혼돈스럽게 증언하고 있다는 증거다. 즉 배도한 것이다.) (예레미야 선지자를 통한 하나님의 눈물의 경고의 말씀이다.)

(6) : [중요 단어 성경 말씀]

① **"기묘자" :**[6382] פֶּלֶא:(페레) : -놀라운, 기적, 기이한 일

사9:6절 이는 한 아기가 우리에게 났고 한 아들을 우리에게 주신 바 되었는데 그의 어깨에는 정사를 메었고 **그의 이름은 기묘자라, 모사라, 전능하신 하나님이라, 영존하시는 아버지라, 평강의 왕이라** 할 것임이라.

② **"유월절" :**[6453] פֶּסַח:(페싸흐): -유월절(닛산월 14일 무교절 7일 후의 날)

출12:11절 너희는 그것을 이렇게 먹을지니 허리에 띠를 띠고 발에 신을 신고 손에 지팡이를 잡고 급히 먹으라 이것이 **여호와의 유월절이니라.**

③ **"형벌" :**[6485] פָּקַד:(파카드): -살피다, 보응, 계수, 형벌하다

사24:22절 그들이 죄수가 깊은 옥에 모임 같이 모이게 되고 옥에 갇혔다가 여러 날 후에 **형벌을 받을 것이라.**

④ **"열다" :**[6605] פָּתַח:(파타흐) : -(눈, 문, 책을)열다, 놓다, 펴다, 베풀다

신20:11절 그 성읍이 만일 화평하기로 회답하고 너를 향하여 **성문을 열거든** 그 모든 주민들에게 네게 조공을 바치고 너를 섬기게 할 것이요

⑤ **"낭독하다" :**[6567] פָּרַשׁ:(파라쉬) : -낭독하다, 읽다, 지시하다, 설명하다, 명확하다, 흩어지다, 구분하다

느8:8절 하나님의 율법책을 낭독하고 그 뜻을 해석하여 백성에게 그 낭독하는 것을 다 깨닫게 하니

※ [주(註)] " פּ:(페)" 안에 [מְנוֹרָה :**메노라의 본질**]이 비밀로 감춰져 있다. 알파벳 **21**번째 언어 שׂ:(신)과 י:(요드)와 שׁ:(쉰)에서 **"예호바흐의 7영**(사11:2절)**"**을 발견하게 된다. 이런 감춰진 비밀을 알고 믿어야 한다.

사11:2절 예호바흐의 영 곧 **지혜**와 **명철**의 영이요, **계략**과 **능력**의 영이요, **지식**과 예호바흐의 (경외하는)두려움의 영께서 그 위에 (임재)머무시리라.

צדי

"צ":[6658]: צדי :(차데)

(1) [구성] "כ:(카프)" + "י:(요드)" =(θ님) **쥔 손과 펴신 팔로 물고기를 낚는다. "의롭다. 의(義)," 의로운 행위**

(2) [사전] 코 : 낚싯바늘 : -추적하다. 기다리며 누워있다. 사냥하다. 의로움(체디크). **상형**(常形)의 그림은 **낚싯바늘**이나 용례에서 **추적, 탐색**과 알파벳 **눈**(아인)에서 **치아**(쉰)까지가 얼굴의 그림 구성 요소들임을 고려하면 **'코'**(낚시하다. 코 꿰다.)로 볼 수도 있다.

(3) [관용] (사람 낚는 자=**믿음의** 사람)**의로운 사람. 공의로움. 정의롭다.** [6662]:צַדִּיק :(차디크) :-**올바르다. 의롭다. 흠이 없다. 진실하다.** [명] **의인:** צַדִּיקִים:(차디킴).

"주의 표적" 고전1:21-24절 (22)유대인은 표적을 구하고 헬라인은 지혜를 찾으나 (23)우리는 십자가에 못 박힌 그리스도를 전하니 유대인에게는 거리끼는 것이요 이방인에게는 미련한 것이로되 (24)오직 부르심을 입은 자들에게는 유대인이나 헬라인이나 그리스도는 하나님의 능력이요, 하나님의 지혜니라.
"의의 옷" 사61:9-10절 (10)내가 여호와로 인하여 크게 기뻐하며 내 영혼이 나의 하나님으로 인하여 즐거워하리니 이는 그가 **구원의 옷**으로 내게 입히시며 **의의 겉옷**으로 내게 더하심이 신랑이 사모를 쓰며 **신부가 자기 보물로 단장함 같게** 하셨음이라.
골3:10-14절 [바른] (10)새 사람을 입었으니 이는 자기를 창조하신 자의 형상을 좇아 지식에까지 새롭게 하심을 받는 자니라. (12)그러므로 **너희는 하나님의 택하신 자들,** 곧 거룩하고 사랑하심을 받는 **자들답게 인애와 친절과 겸손과 온유와 오래 참음을 옷 입어라. (13)**누가 누구에게 불평할 일이 있더라도 서로 용납하고, 서로 용서하여라. 주께서 너희를 용서하신 것같이 너희도 그렇게 하여라. **(14)**그리고 **이 모든 것 위에 사랑을 더하여라.** 사랑은 온전하게 매는 띠이다.

"의(義) 행함" 롬2:13절 하나님 앞에서는 율법을 듣는 자가 의인이 아니라 율법을 행하는 자가 **의롭다 하심을** 얻을 것이다.
"의(義)가 나타남" 롬1:16-17절 (16)나는 복음을 부끄러워하지 않는다. 이 복음은 모든 믿는 자를 구원에 이르게 하는 하나님의 능력이다. 먼저는 유대인에게이고, 그리고 헬라인에게 이다. **(17)**복음에는 **하나님의 의가 나타나서** 믿음에서 믿음에 이르게 하니, 이와 같이 기록되어 있다. **"의인은 믿음으로 살 것이다."**
창7:1절 여호와께서 노아에게 이르시되 너와 네 온 집은 방주로 들어가라 네가 이 세대에 내 앞에서 **의로움을** 내가 보았음이니라.
합1:15절 그가 **낚시로 모두 취하며** 그물로 잡으며 초망으로 모으고 인하여 기뻐하고 즐거워하여

(4) [게마트리아] 숫자 값 **"90"** : -(부족한 수) **9**:(지혜를 채워야 할) × **"10**: י:(요드)-**손**(권능 충만)" =**지혜를 충만하도록 채워야 할 수.** & **"생명을 충만하게 하는 수."**(하나님 사역의 의미)

(5) 연동된 단어

시온 : צִיּוֹן(찌욘): **-하나님 기둥. 표**(票). **이정표. 표석**(票石). (못 박히신 손으로 사람을 낚는다.)
의(義) : צְדָקָה:(체데카) 올바름. 정의. 공의. 옳음.
형상 : צֶלֶם:(첼렘) **א**님 형상. 그림자./ 우상. 모양.
갈빗대 : צַלְעָה:(찰르아) '갈빗대' 늑골. / 양쪽. 옆구리. 짝. 측면들,
마4:19절 말씀하시되 나를 따라 오너라. 내가 너희로 **사람 낚는 어부**가 되게 하리라. 하시니

(6) : [중요 단어 성경 말씀]

① **"군대" :**[6635] :(차바) : -군대, 무리, 군인, 싸움, 무장, 용사, 천군

출6:29절 이스라엘 자손을 그들의 **군대대로** 애굽 땅에서 인도하라 하신 여호와의 명령을 받은 자는 이 아론과 모세요,

② **"의(義)" :**[6664] :(차디크) : -공의, 정의, 의로움, 공평

창15:6절 아브람이 여호와를 믿으니 여호와께서 이를 그의 의로 여기시고
시4:1절 [다윗의 시, 인도자를 따라 현악에 맞춘 노래] **내 의의 하나님이여** 내가 부를 때에 응답하소서 곤란 중에 나를 너그럽게 하셨사오니 내게 은혜를 베푸사 나의 기도를 들으소서

③ **"사망" :**[6757] :(찰마베트) : -사망, 죽음, 흑암, 어두움

시23:4절 내가 사망의 음침한 골짜기로 다닐지라도 해를 두려워하지 않을 것은 주께서 나와 함께 하심이라 주의 지팡이와 막대기가 나를 안위하시나이다

קוף

"ק":[6971]: קוֹף:(코프)

(1) [구성] ר:(레쉬)-머리. 진리. + **ז:(자인)-무기(복음) 성령의 검.** 두 글자가 합성된 알파벳으로 **"우두머리의 무기"**를 뜻한다. 또는 (거듭남)**아들들이 되다**. (그리스도의 지체가 되는 것은 거룩함 자체다.)

(2) [사전] 바늘귀 : -귀(들을 수 있는 귀와 듣지 못하는 귀).

롬10:12-17절 [바른] **(14)**그러나 그들이 믿지 않는 분을 어떻게 부르겠느냐? 듣지도 못한 분을 어떻게 믿겠느냐? 전파하는 자가 없이 어떻게 듣겠느냐? **(15)**보내심을 받지 않았으면 어떻게 전파하겠느냐? 기록된 것과 같으니, **"좋은 소식을 전하는 자들의 발이 얼마나 아름다운가."** 라고 하였다. **(17)그러므로 믿음은 들음에서 나며, 들음은 그리스도의 말씀으로 말미암는다.**

(3) [관용] (외래어) 원숭이(하누만-인도 신)/ 목이 긴 둥근 물병/ 탄광의 작은 환기구/ 소식 전달의 통로. **"거룩"**을 나타내는 알파벳이다.

(4) [게마트리아] 숫자 값 **"100"** :거룩함의 숫자. = **"10:(요드)손**(권능 충만)**"** × **"10 :(요드)-손**(권능 충만)**"** =**여호와의 권능의 충만한 사역으로 여호와의 충만함을 넘치도록 채움을 뜻함**. 또는 **"생명의 완성"**

골1:9-12절 **(9)**그러므로 우리도 소식을 들은 날부터 너희를 위해 기도하고 간구하기를 멈추지 않고 있다. 우리는 **너희가 모든 영적인 지혜와 총명으로 하나님의 뜻을 아는 지식으로 충만하게 되고,** **(10)**너희가 주께 합당하게 행하여 모든 일에 그 분을 기쁘시게 하고, 모든 선한 일에 열매를 맺으며 하나님을 아는 지식이 자라고, **(11)그분의 영광의 권능을 따라 모든 능력으로 강하게 되어 기쁨으로 모든 것을 참고 견디게 되기를 기도한다.** **(12)**너희가 빛 가운데서 성도의 유업의 몫을 받기에 합당하게 하신 아버지께 감사드리게 되기를 바란다.

- קוף:(코프)의 **숫자 값**은 **186**인데 **"무소부재"**라는 뜻으로 해석한다. **"신성한 이름"** 이라는 숫자 값과 같은 값이다.

("ק:(코프)-**100**" + "פ:(페)**80**" + "ו:(바브)**6**" =**186**)

"아들의 권능" =엡1:17-23절 (17)우리 주 예수 그리스도의 하나님, 영광의 아버지께서 지혜와 계시의 영을 너희에게 주시어 하나님을 알게 하시고, **(18)**너희의 마음의 눈을 밝히셔서, 그분의 부르심의 소망이 무엇이며 성도 안에 있는 그분의 유업의 영광의 풍성함이 무엇인지, **(19)**그분의 강력한 능력의 역사하심을 따라 믿는 우리를 위해 베푸신 그분의 능력의 지극히 크심이 무엇인지 너희가 알게 되기를 기도한다. **(20)하나님께서 그리스도 안에서 그 능력을 행하시어 그분을 죽은 자들 가운데서 살리시고, 하늘에서 자신의 오른쪽에 앉히시어, (21)모든 통치와 권세와 능력과 주권과 이 시대뿐 아니라 오는 시대에 일컫는 모든 이름들 위에 뛰어나게 하셨으며, (22)또한 만물을 그분의 발아래 복종하게 하시고, 그분을 만물 위에 공동체(교회)의 머리로 주셨다.**

"예슈아에 대한 증언" =고전1:2-7절 (2)고린도에 있는 **하나님의 공동체**(교회), 곧 그리스도 예수님 안에서 거룩해지고 성도로 부르심을 받은 자들과, 또 각처에서 우리 주, 곧 그들과 우리의 주 되신 예수 그리스도의 이름을 부르는 모든 이들에게 편지를 쓴다. **(거룩한 음성을 듣는 자들이 되면~~)**

(5)이는 너희가 그리스도 안에서 모든 일, 곧 모든 언변과 모든 지식에 풍족하게 되었기 때문이다. **(6)그리스도에 대한 증거가 너희 안에서 견고하게 되어, (7)너희가 모든 은사에 부족함이 없이 우리 주 예수 그리스도의 나타나심을 기다리고 있다.**

(5) ק:(코프): [중요 단어 성경 말씀]

① **"거룩"** [6918] קָדוֹשׁ:(카도쉬) : -(θ사역)**거룩함. 거룩한 성도. 거룩한 날. 거룩한 처소. 성전. 성소. 성막.**

출19:6절 너희가 내게 대하여 **제사장 나라가 되며 거룩한 백성이 되리라,** 너는 이 말을 이스라엘 자손에게 전할지니라

② **"모으다"** :[6908] קָבַץ:(카다쉬) : -소집하다. 함께 하다. 거두다. 저축하다. 저장하다

창41:35절 그들로 **장차 올 풍년의 모든 곡물을 거두고** 그 곡물을 바로의 손에 돌려 양식을 위하여 각 성읍에 쌓아 두게 하소서

③ **"성회(聖會)"** :[6944] קֹדֶשׁ:(코데쉬) : -(현상)거룩함. 거룩한 모임. 성회. (성물)거룩한 것들. 지성소, 거룩한 무리들(교회)

출12:16절 너희에게 첫날에도 **성회요** 일곱째 날에도 **성회가** 되리니 너희는 이 두 날에는 아무 일도 하지 말고 각자의 먹을 것만 갖출 것이니라.

ריש

“ר”:[7218]: רֵישׁ:(레쉬)

(1) [구성] רֵ:(레쉬)는 יֹ:(요드)가 없는 דָּ:(달렡)을 뜻한다. **“아들들의 문**:(장자. 맏아들)”

(2) [사전] 머리 : -우두머리. 근원. 시작. 진리. 첫째. 으뜸.
[관용](어근에서 유래) **처음에 있다. 정상. 꼭대기.** 등의 은유적 의미. **‘흔들다’**는 뜻.
“머리” [7217] רֵאשׁ:(레쉬) :-머리. 우두머리. 왕(단 2:28절) 총계.(단 7:1, 6절)
(진리의 성령으로 올바르게 하실 유일하신 분. 우리의 우두머리.)
[현대 해석] 머리 숙여 경배하는 모습. 몸을 숙여 자신을 낮추어 섬기는 모습.

(3) [게마트리아] (숫자 값) **“200”** = **“20** : כ:(카프)-(하나님의 사역)**능력의 팔”** × **“10:** י:(요드)-**손**(권위 충만)” =**하나님의 권위로 사역하심이 충만하시다.** 숫자 값의 뜻이다. 또는 **기다리고 인내하다. : 이삭**은 **20년** 기다려 아이를 가졌다./
야곱도 **20년** 동안 라반을 섬겼다.

(4) [복음] [7225]: רֵאשִׁית:(**트쉬**레) :-처음. 으뜸. 진리. 첫 열매. 장자. 태초
-창 1장 1절 7단어 중에서 계시된 단어에서 예수님을 상형화하고 있다.

아들 :[1248]: בַּר :(바르) : -(남3단)**상속자. 독생자. 아들.**
근원 :[7218] רֹאשׁ :(로쉬) : -**근원. 진리. 최고. 우두머리. 머릿돌. 처음. 시작하다.**
[부사] -[격] **자신** :[0853] אֵת :(에트) :(실재 의미) **자신. 자체. 자아. [은유]** 처음과 나중.
[목·접] : וְאֵת :(바에트) : -[은유] 새롭게 변화를 목적으로 십자가에 못 박히신 하나님. **“부활·재림”**

※ ריש:(레쉬)와 우두머리 안에 우리가 회복되어야 할 모습은 창초하실 때의 처음 모습으로 회복되어야 하는 것을 "עין:(아인) ~ קוף:(코프)"까지 알파벳으로 계시하셨다. (창1:27-28절 생육, 번성, 충만, 정복, 다스리라)
이러한 의미를 나타내시려고 **"하나님의 본질과 속성인** ו :(바브) -**갈고리**(연결). **부활. 거듭남"**을 가장 많이 사용되었다.

회복의 목적인 ז:(자인)-**무기**(복음) **성령의 검**과 " י(요드) 신랑의 **권세. 왕의 권위"**와 " כ(카프) -신랑의 **권능. 능력. 재능"**을 **"신부에게 회복"**시키시겠다는 계시의 언어이다.

> **"양날 선 검의 입" 계1:13-16절 (13)**그 촛대들 가운데 인자 같은 분께서 긴 옷을 입고 가슴에 금띠를 띠고 계셨다. **(14)**그분의 머리와 머리카락은 흰 양털과 눈처럼 희고, 그분의 눈은 불꽃 같았고, **(15)**그분의 발은 풀무불에서 제련된 주석 같고, 그분의 음성은 많은 물소리 같았다. **(16)**그분은 오른손에 일곱별을 가지고 계셨으며, **그분의 입에서는 양날 선 검이 나오고,** 그분의 얼굴은 해가 힘 있게 비치는 것 같았다.

[설명] 계1:13-16절의 신랑을 맞이하려면 신부될 우리가 먼저 **"볼 수 있어야 하며, 증거하였던 분임을 알아(신부단장) 거룩한 신랑 음성을 들어야 한다."** 그러기 위해서 우리의 형상을 회복하시려 "ל:(라멘)"~"ת:(타브)"로 신부 단장하도록 사역하신 것이며 이 회복 모습은 다시 오실 예슈아와 같이 하나될 신부의 단장한 모습이 목적임을 알 수 있습니다. 그래서 계시록에서 **보는 눈**과 성령께서 하시는 음성 **들을 수 있는 귀**와 성령 충만한 **호흡을 하는 코**(신부단장), **의로운 신부 모습**과 **메노라 입**으로 증언하는 **두 증인을 계시**하고 있습니다.
그러므로 **하나님 언어의 22자**를 통해서 우두머리와 하나 되게 하시려고 신랑 예슈아를 계시하신 것이다. 이러한 비밀의 성취를 허락하신 하나님께 감사하여야 한다.

[참조]

① **사6:9-10절 (9)**여호와께서 가라사대 가서 이 백성에게 이르기를 너희가 듣기는 들어도 깨닫지 못할 것이요 보기는 보아도 알지 못하리라 하여 **(10)이 백성의 마음으로 둔하게 하며 그 귀가 막히고 눈이 감기게 하라** 염려컨대 그들이 눈으로 보고 귀로 듣고 마음으로 깨닫고 다시 돌아와서 고침을 받을까 하노라.

② **마13:13-17절 (15)**이 백성들의 마음이 완악하여져서 그 귀는 듣기에 둔하고 눈은 감았으니 이는 눈으로 보고 귀로 듣고 마음으로 깨달아 돌이켜 내게 고침을 받을까 두려워함이라 하였느니라. **(16)그러나 너희 눈은 봄으로, 너희 귀는 들음으로 복이 있도다. (17)**내가 진실로 너희에게 이르노니 많은 선지자와 의인이 너희 보는 것들을 보고자 하여도 보지 못하였고 너희 듣는 것들을 듣고자 하여도 듣지 못하였느니라.

③ **고전2:9-10절 (9)**기록된바 하나님이 자기를 사랑하는 자들을 위하여 예비하신 모든 것은 눈으로 보지 못하고 귀로도 듣지 못하고 사람의 마음으로도 생각지 못하였다 함과 같으니라. **(10)오직 하나님이 성령으로 이것을 우리에게 보이셨으니 성령은 모든 것 곧 하나님의 깊은 것이라도 통달하시느니라.**

④ **요14:26절** 보혜사 곧 아버지께서 내 이름으로 보내실 성령 그가 너희에게 모든 것을 가르치시고 내가 너희에게 말한 모든 것을 생각나게 하시리라.
(16)내가 아버지께 구하겠으니 그가 또 다른 보혜사를 너희에게 주사 영원토록 너희와 함께 있게 하시리니 **(17)** 저는 **진리의 영이라** 세상은 능히 저를 받지 못하나니 이는 저를 보지도 못하고 알지도 못함이라 **그러나 너희는 저를 아나니 저는 너희와 함께 거하심이요 또 너희 속에 계시겠음이라.**

(5) רֵאשׁ:(레쉬) :[중요 단어 성경 말씀]

① **"보다"** :[7200] רָאָה:(라아) : -보다. 감찰하다. 뵙다. 살피다. 정탐하다. 분별하다. 깨닫다. 헤아리다.

창7:1절 여호와께서 노아에게 이르시되 너와 네 온 집은 방주로 들어가라 이 세대에서 네가 **내 앞에 의로움을 내가 보았음이니라.**

② **"머리"** :[7218] רֹאשׁ:(로쉬) : -우두머리. 두목. 근원. 진리. 시작. 꼭대기. 지도자. 장자. 으뜸. 머리돌. 처음. 모퉁이.

출18:25절 모세가 이스라엘 무리 중에서 능력 있는 사람들을 택하여 그들을 백성의 **우두머리** 곧 천 부장과 백 부장과 오십 부장과 십 부장을 삼으매

③ **"번성"** :[7235] רָבָה:(라바) : -크다. 많다. 번성하다. 증가하다. 크게 만들다. 증대시키다.

창8:17절 너와 함께 한 모든 혈육 있는 생물 곧 새와 가축과 땅에 기는 모든 것을 다 이끌어내라. 이것들이 땅에서 **생육하고 땅에서 번성하리라.**

④ **"א님의 영"** :[7306] רוּחַ:(루아흐) : -영(靈). 기운. 바람. 호흡. 생령. 성령. 숨. 생기. 보혜사의 사역(왕하 2:9, 15절)

창1:2절 땅이 혼돈하고 공허하며 흑암이 깊음 위에 있고 **하나님의 영은** 수면 위에 운행하시니라

⑤ **"은혜" :**[7356] רַחַם:(라함) : -은혜. 사랑하는 마음. 위로하는 마음. 긍휼. 자비. **[원형]** 사랑하다. 귀여워하다. 자비를 얻다. 자궁. 처녀.

창43:14절 전능하신 하나님께서 그 사람 앞에서 **너희에게 은혜를 베푸사** 그 사람으로 너희 다른 형제와 베냐민을 돌려보내게 하시기를 원하노라 내가 자식을 잃게 되면 잃으리로다.

⑥ "(병을)**치료" :**[7495] רָפָה:(라파) & רָפָא:(라파) : -고치다. 치료하다. 낫게 하다. 완치되다. **[명]** 의사. 의원.

사19:22절 여호와께서 애굽을 치실지라도 치시고는 **고치실 것이므로** 그들이 여호와께로 돌아올 것이라. 여호와께서 그들의 간구함을 들으시고 그들을 **고쳐 주시리라.**

שּׂין & שׁין

“שׁ” :[8127] שִׁין:(신) & שֵׁין:(쉰)

(1) [구성] שִׁין :(신)= י י י:(요드) + שֵׁין:(쉰)= ו ו ו:(바브)= **7등불**

※ <u>[주(註)]</u> שִׁין :(신) **윗니**와 שֵׁין:(쉰) **아랫니**는 רֵישׁ:(레쉬)의 형상 **“פ”:**

입 속에 **메노라**:(מְנוֹרָה : **7등불**)(출25:31)가 구성되어 있다.

(2) [사전] שִׁין :(신) **윗니.** : **불. 상아탑 :학문을 연구.**(연마하는 대학)

שֵׁין:(쉰) **아랫니 :불. 창검. 올바르게 하다. 가루내다. 소멸하다.**

[파생] “성령의 임재/ 진리의 성령./ 성령의 역사.” 7촛대(메노라)를 상징함.

(3) [관용] 소멸하다. 파괴하다. 돌아오다. (어원)[8150 : שָׁנַן:**솨나]** : **가르치다.**

갈다. 연마하다(연마(단련)하여 성장이 시작됨.)

(4) [게마트리아] 숫자 값 **“300”** : -“**3** : ג:(기멜)-**낙타**(겸손. 성령)” ×

“10: י:(요드)-**손**(권능 충만)” × **“10**:י:(요드)-**손**(권능 충만)” =**겸손의 성령 사역으로**

충만하게 하는 것을 뜻함. 또는 **“승리의 군대”**(기드온 용사)

(5) [은유]

시64:3절 저희가 칼같이 자기 혀를 (훈련)**연마하며** : “שָׁנַן:(샤난)”
[8127: שֵׁין :쉰] **치아** : 저희 <u>**이**</u>는 창과 살이요.(시57:4)/ <u>**앞니**</u>는 장검 같고 **어금니**는 군도(잠 30:14)
신6:7절 네 자녀에게 부지런히 **가르치며** : שָׁנַן:(샤난)

“שָׁבַב:(샤바브)” : **-깨뜨리다. 파괴하다. 가루내다.** (하나님의 거처 육신의 집을 소멸하라.)
“שָׁלוֹם”:(샬롬) : **-온전한. 충분한. 평안한. 안전한. 평안한. 화평함.** [명] **평화. 평안. 안심.** (목자의 지팡이로 혼돈을 소멸하다.)
“שֵׁם:(셈)” : **-이름. 명성. 성호. 호칭.** [동] **부르다. 일컫다.** (세상을 소멸하시는 이름/성령의 이름)
שָׁבַת:(샤받트) **안식한다. 휴식하다. 안식으로 쉬다. 마치다. 멈추다.**
שַׁדַּי:(샤다이) **전능한, 강력한, 엘 샤다이** : אֵל־שַׁדַּי:(전능하신 하나님)
שׁוּב:(슈브) **회개. 돌아가다. 돌아오다. 회복하다. 돌이키다.**

(6) שׁ:(쉰) :[중요 단어 성경 말씀]

① **“(스올)무덤” :**[7585] שְׁאוֹל:(쉐올) & שְׁאֹל:(쉐올) : -무덤. 지옥. 음부.

창37:35절 그의 모든 자녀가 위로하되 그가 그 위로를 받지 아니하여 이르되 내가 슬퍼하며 (무덤)**스올로 내려가** 아들에게로 가리라 하고 그의 아버지가 그를 위하여 울었더라.

② **“홀(笏)” :**[7626] שֵׁבֶט:(쉐베트) : -통치자. 지팡이. 막대기. 규(珪). 권세. 철장. 측량자(尺).

창49:10절 (홀)**규가** 유다를 떠나지 아니하며 **통치자의 지팡이가** 그 발 사이에서 떠나지 아니하기를 실로가 오시기까지 이르리니 그에게 모든 백성이 복종하리로다.

③ **“맹세” :**[7650] שָׁבַע:(샤바) : -맹약하다. 맹세하다. 서원하다.

창21:31절 두 사람이 거기서 **서로 맹세하였으므로** 그곳을 **브엘세바라** 이름하였더라.

④ **“전능자” :**[7706] שַׁדַּי:(샤다이) : -전능자. 능력 있는 자. 강한 자. 권세를 가진 자.

창17:1절 아브람이 구십구 세 때에 여호와께서 아브람에게 나타나서 그에게 이르시되 **나는 전능한 하나님이라.** 너는 내 앞에서 행하여 완전하라

שׁ:(신) **:[중요 단어 성경 말씀]**

① **"위풍" :**[7613] שְׂאֵת:(쉐에트) : -위풍. 돋움. 위엄. 명성. 지위.

출13:2절 르우벤아 너는 내 장자요 내 능력이요 내 기력의 시작이라 **위풍이 월등하고 권능이 탁월하다마는**

② **"불꽃" :**[7631] שְׁבִיב:(쉐비브) : -불꽃. 화염. 불.

단3:22절 왕의 명령이 엄하고 **풀무불이 심히 뜨거우므로 불꽃이** 사드락과 메삭과 아벳느고를 붙든 사람을 태워 죽였고

③ **"만족하다" :**[7646] שָׂבַע:(샤바) & שָׂבֵעַ:(사베아):-만족하다. 배부르다. 가득하다. 충족하다. 넘치다. 풍부하다. 풍성하다.

시17:14-15절 여호와여 이 세상에 살아있는 동안 그들의 분깃을 받은 사람들에게서 주의 손으로 나를 구하소서 그들은 **주의 재물로 배를 채우고 자녀로 만족하고** 그들의 남은 산업을 그들의 어린아이들에게 물려 주는 자니이다

תָּ

"ת" :[8420] תָּו:(타브)

(1) [구성] ת(타브)는 ① ר:(레쉬) **머리**(우두머리. 근원) + ו(바브) **갈고리**(못. 거듭남. 변형. 부활)**=**(십자가에 못 박힘)**우두머리**로 **거듭날 표시. 증거. 완성/** ② ד:(달렡) **문**(휘장. 성막. 문)+ נ:(눈) **물고기**(영구. 장구. 50)**=구원의 문**이 될 **물고기**들의 **표시. 증거. 증언. 인**(印).

[해석] ת(타브)십자가(표시. 언약. 인(印). 완성). ו(바브)갈고리(못. 거듭남. 변형. 부활) :

-십자가에 못 박히심의 언약의 완성을 "תו :타브**"**라 한다.

(2) [사전] ✞십자가. 표시. 인(印). 언약. 서약. 약속. 완성. [동] 언약을 완성하다. 표시하다. 신호하다. 서명하다. 약속하다.

(3) [게마트리아] 400=(시험·연단)**40** ×(충만함)**10** **=거듭남이 충만한 거룩한 신부들의 수.**(거듭남이 완성된 하나님 아들들 숫자)

ת(타브) (숫자 값) **400 = 5×10×8 =** ה**:(5)** י**:(10)** ח**:(8)** =חָיָה:(하야) **새로운 생명** (부활의 삶) **"θ님의 언약"**
ת(타브) (숫자 값) **400 =** ן**:(50) ×** ח**:(8) = 400 :** חֵן :(헨) **은혜 사랑. 은총. 자비.**

(4) [관용] 하나님과 아브라함과 약속하신 말씀을 400년 동안 애굽에서 연마(단련)하여 **하나님의 인(印)**을 받음. / [유래:8427] : תָּוָה:(타바) (어원) : **긁다.** (도장을)**찍다, 표**(✞)를 하다.

겔9:4절 그 가운데서 행하는 모든 가증한 일로 인하여 탄식하며 우는 자의 **이마에 표** [8420] : תָּו:(타브)를 하라. 하시고 (5)나의 듣는데 또 그 남은 자에게 이르시되 너희는 그 뒤를 좇아 성읍 중에 순행하며 아껴 보지도 말며 긍휼을 베풀지도 말고 쳐서 (6)늙은 자와 젊은 자와 처녀와 어린아이와 부녀를 다 죽이되 **이마에 표 있는 자에게는 가까이 말라** 내 성소에서 시작할지니라. 하시매 그들이 성전 앞에 있는 늙은 자들로부터 시작하더라. (하나님께서 인(印)친 자만 예수 그리스도께서 오셔서 인(印)을 떼어 주심.)

(5) [복음] "ת:(타브)"는 히브리어 마지막 글자로서 **"나중/ 끝"**을 의미하는 언어다.

"את:(에트): **처음**과 **나중**" (영어와 헬라어로는 해석이 안 됨)

[8374] תָּאַב:(타아브) **갈망하다**. **바라다**. **사모하다**. (십자가에 하나님 아버지를 **표시하다**. **~에서 죽으시다**.)
: אמת :(에메트) **진리**. **진실**. **참됨**. **옳음**. 하나님의 십자가 말씀은 진리다.
: תּוֹרָה :(토라) **계명. 법. 율법. 명령.** [유래] [3384] יָרָה :(야라)(활) **쏘다. 관통하다. 교훈하다. 가르치다.(십자가에 못 박히신 우두머리의 생명이 토라.)**

(6) ת(타브) : [중요 단어 성경]

① **"총명" :**[8394] תְּבוּנָה:(테부나) : -총명. 분별력. 명철. 지혜. 통달. 능숙함.

출31:3절 하나님의 영을 그에게 충만하게 하여 **지혜와 총명과 지식**과 여러 가지 재주로

② **“찬양” :**[8416] תְּהִלָּה:(테힐라) : -찬송. 찬양. 칭송. 영예. 송축.

신10:21절 그는 네 찬송이시요 네 하나님이시라 네 눈으로 본 이같이 크고 두려운 일을 너를 위하여 행하셨느니라.

③ **“표적” :**[8420] תָּו:(타브) : -표시. 서명. 기호를 새기다. 신호. 표적.

겔9:6절 늙은 자와 젊은 자와 처녀와 어린이와 여자를 다 죽이되 **이마에 표있는 자에게는 가까이 하지 말라.** 내 성소에서 시작할지니라 하시매 그들이 성전 앞에 있는 늙은 자들로부터 시작하더라.

④ **“율법” :**[8451] תּוֹרָה:(토라) & תֹּרָה:(토라) : -계명. 율법. 법도. 법률. 규례.

(א님)명령.

창26:5절 이는 아브라함이 내 말을 순종하고 내 **명령과 내 계명과 내 율례와 내 법도를 지켰음이라 하시니라**

⑤ **“제자” :**[8527] תַּלְמִיד:(탈미드) : -제자. 생도. 학생.

대상25:8절 이 무리의 큰 자나 작은 자나 **스승이나 제자를 막론하**고 다같이 제비 뽑아 직임을 얻었으니

⑥ **“종려나무” :**[8558] תָּמָר:(타마르) : -“똑바로 세우다.” 야자수. 대추야자.

출15:27절 그들이 엘림에 이르니 거기에 물 샘 열둘과 **종려나무** 일흔 그루가 있는 지라 거기서 그들이 그 물 곁에 장막을 치니라

⑦ **“테필라” :**[8605] תְּפִלָּה:(테필라) : -기도. 간구. 중재. 탄원. 애원. 간청. 거룩한 노래(시72:20).

삼하7:27절 만군의 여호와 이스라엘의 하나님이여 주의 종의 귀를 여시고 이르시기를 내가 너를 위하여 집을 세우리라. 하셨으므로 주의 종이 이 **기도로 주께 간구할 마음이 생겼나이다.**
시4:1절 인생들아 어느 때까지 나의 영광을 바꾸어 욕되게 하며 헛된 일을 좋아하고 거짓을 **구하려는가. (셀라)**

부 록

“א님 형상과 신부 단장 회복”

"א님 형상과 신부 단장 회복"

[신부 첼렘 회복 과정]

1. 신부의 본질. 첼렘과 바라크의 상태

창1:26-28절 **(26)**하나님께서 **"우리가 우리의 형상[** צֶלֶם:(첼렘)]**을 따라 우리의 모양대로 사람을 만들고,** 그들이 바다의 고기와 하늘의 새와 가축과 온 땅과 땅 위에 기는 **모든 것을 다스리게 하자."** 말씀하시고, **(27)하나님께서 자신의 형상[** צֶלֶם:(첼렘)] **대로 사람을 창조하시되 하나님의 형상대로 사람을 창조하셨으니,** 그들을 **남자와 여자로 창조하셨다. (28)하나님께서 그들에게 복[** בָּרַךְ:(바라크)]**을 주시며** 말씀하시기를 **"생육하고 번성하며 땅에 충만하고 그것을 정복하여라.** 그리고 바다의 고기와 하늘의 새와 땅 위에 움직이는 **모든 짐승을 다스려라."** 하셨다.

만물을 창조하시고 하나님과 같은 형상을 닮도록 창조하신 **"아담과 배필에게 복[** בָּרַךְ:(바라크)]"을 주시고 하나님 대신 창조하신 피조물을 **다스리라.** (통치하라. 관리하다) 이것이 **아담의 배필**(신부)의 **본질의 상태**이다.
아담의 신부들이 하나님으로부터 **복[** בָּרַךְ:(바라크)]의 능력을 받았지만 사단 (뱀의 유혹)의 미혹으로 **"하나님과 같은 권능[** בָּרַךְ:(바라크)]"을 받았는데도 하나님과 같은 존재가 되려고 스스로 우상[בַּעַל:(바알)]의 상태로 타락하게 되었다. 그러므로 "하나님의 본질과 성품과 속성대로 첼렘화" 되었던 아담의 거룩한 신부가 모두 상실하고 만다. 상실된 모습을 그림을 통해서 왜? 신부단장을 하여야 하는지를 살펴보려 한다.
이런 계시와 해석이 하나님의 언어 히브리어 22자 안에 상형문자로 상세하게 그려놓으셨다. 이를 세속화된 언어와 문법으로 풀면 감춰진 복음적 의미를 발견할 수 없다. 성령의 권능으로 기록하셨기 때문에 오직 성령의 능력이 아니고는 히브리어를 복음적으로 올바르게 하나님 계시의 성취를 이룰 수 없다. (알아야 면장을 한다는 한글의 속담이 있다)

[첼렘(형상)의 본질의 모습]

복: בָּרַךְ:(바라크)

지혜의 영. 총명의 영. 모략의 영(기묘자)

עַיִן:(아인) **눈**(보다).

빛 : אוֹר:(오르) **샘 :** מַעְיָן:(마얀)

קוֹף :(코프)

귀

צַדִי:(차데)**코.**

צַדִּיק:(차디크)**의**

성령의 음성을 들을 수 있는 신령한 형상의 귀

פֵּה:(페) **입.**

שָׁ:(신)+ י:(요드)+ שׁ:(쉰)

권능 : מְנֹרָה **:(메노라)**

경외: יִרְאָה **:(이르아)**

[신부 첼렘 회복 본질]

“하나님의 본질” -생명. 아들(진리). 지혜. 예호바흐. 부활. 재림.
“하나님의 속성” -성령. 지식. 거룩함. 경건. 경배. 거듭남. 변화. 능력. 메노라.
“하나님의 성품” -사랑. 은혜. 희생. 겸손. 새롭게 함. 성령의 열매.

그렇다. **א**님 형상의 본질이 창조적 첫 아담을 돕는 배필로 아내 (여자)가 형상화되었다. 그러므로 첫 아담을 도우려면 **א**님께서 주신 “בָּרַךְ:(바라크) **복**”을 회복하여야 하는 것이 **א**님 형상 :[צֶלֶם:(첼렘)]의 본질이다.

첫 아담을 돕는 배필이 받은 복: בָּרַךְ:(바라크)는 히브리어로 해석하면 **“독생자 아들의 권능”**이 복이다. “예슈아”와 같은 권능을 받았다. 이를 통해서 진리로 **“א님의 거처 בְּרֵאשִׁית**:(베레쉬트)”를 건축하도록 하셨다. 이 건축을 돕도록 하시려고 בָּרַךְ:(바라크)를 주신 것이다. 우리를 창조하신 **א**님과 옛 하늘과 땅을 제거하시고 새 예루살렘 성을 성취하셔서 영원한 영광을 누리려고 하신 것이다. 이것이 **א**님 형상의 본질 회복을 위한 신부 단장을 위한 과정의 목적이다.

[거룩한 첼렘의 상실한 신부 모습]

[권고] "장성한 신부"라는 것은 **어린아이가 혼인할 만큼 성장했다**는 뜻이다.
<예>로 자라면서 **어린아이 때의 아는 것**과 **장성하면서 배워가는 지식이 다르다**. 성장하면서 어린아이 때의 기억과 습관과 지식과 행동을 **개혁**(변화)하지 않으면 육체는 성장한 키와 힘과 신체가 되어도 판단력과 행동은 아직도 어린아이다. **어린아이 때의 스승**이 훌륭하여도 **가르침의 수준**은 어린아이 정도의 수준이다. 성숙한 만큼 이에 맞는 스승에게 가르침과 교육을 배워야 한다. 이래야 장성한 자로서의 발전과 더욱 변화할 수 있다. 이것을 성장이라 하며, 이렇게 되어야 성숙한 신부가 될 수 있다.

어린아이 때의 경험과 생활 습관과 생각을 과감히 버리고 결단하여 개혁하도록 업그레이드하여야 한다. 이에 무력한 자는 스스로 개척하지 못하고 혁신적인 성장을 할 수 없다. 성장하지 못하면, 어린아이 때와 같이 누군가 해줘야 합니다. 그러므로 오랜 세월이 지나도 성장하지 못하고 ***"덩치만 큰, 몸집만 성장한 어린아이 같다." 무가치한 자이며, 아무도 함께하려 하지 않는다***. *(어린아이의 어리광만 받아줄 수 없기 때문이고, 같이 할 수 없는 이유는 행동의 수준이 어린아이이기 때문)*

이런 일을 많이 겪으면 사람도 믿지 못하고 도와주려고 권면하여도 받아 들이않는다(잔소리요. 간섭이다).
오직 어린아이 때의 **"보암직, 먹음직, 지혜롭게 할 만큼 탐스러웠던,"** 경험과 지식으로 만족하려 하고 더 이상 개혁적이며 혁신적인 성숙한 변화로 성장하려 하지 않는다.

<u>**"이제 성숙한 거룩한 신부로 단장하려면 과감한 개혁과 결단을 하여야 한다."**</u>

창3:1-7절 (5)너희가 "그것을 먹는 날에는 너희 눈이 열리고 너희가 하나님과 같이 되어 선과 악을 알게 될 것을 하나님께서 아시기 때문에 그렇게 하신 것이다."라고 말하였다. **(6)**여자가 그 나무를 본즉 **먹음직도 하고 보암직도 하고**

지혜롭게 할 만큼 탐스럽기도 한 나무인지라. 여자가 그 실과를 따먹고 자기와 함께 한 남편에게도 주매 그도 먹은지라. **(7)**그러자 두 사람의 눈이 열리고 자기들이 벌거벗은 것을 알게 되었으며 무화과나무 잎을 엮어 자기들을 위하여 치마를 만들었다.
보암직, 먹음직, 지혜롭게 할 만큼, 하나님과 같이 되어, 의 순서로 이해하여야 한다.

(7)"그러자 **두 사람의 눈이 열리고** 자기들이 벌거벗은 것을 알게 되었으며 무화과나무 잎을 엮어 자기들을 위하여 치마를 만들었다." 이 말씀은 영적 바라크의 권능의 메노라의 능력을 소멸하여 **"육신의 정욕적인 것만 보게 된다."**

[첼렘의 본질에서 타락한 형상]

"보암직의 타락" ⇨ "안목의 정욕" : "바알 신앙" =우상 숭배, 마술, 기복신앙. 종교행위. 다원주의. 세속화된 지식.

"먹음직의 타락" ⇨ "육신의 정욕" : "욕심" =더러움, 음행, 방종, 다툼, 시기, 간음. 색욕을 탐하는 것. 음욕.

"지혜롭게 할 만큼" ⇨ "이생의 자랑의 정욕" : "교만" =이기적. 자만(自滿). 불화, 이단, 당 짓는 것, 분노. 원수 맺음.

첫 단계 : 창조적 범죄로 상실된 하나님 형상과 주신 바라크의 복을 사단의 미혹된 타락의 형상을 회복하는 과정에서 다 지워야 한다. **둘째 단계**는 하나님을 아는 지식으로 **눈**을 회복한다. **셋째**로 진리를 먹어야 한다. **넷째**로 행함으로 의로움을 나타내야 한다. 그래야 첼렘의 모습이 나타난다.

“타락의 본질” : **요일2:15-16절 (15)**너희는 이 **세상이나 세상에 있는 것들을 사랑하지 마라.** 누구든지 세상을 사랑하면 아버지의 사랑이 그 사람 안에 없다. **(16)이는 세상에 있는 모든 것은 육신의 정욕과 눈의 정욕과 이생의 자랑이니**, 아버지께로부터 나온 것이 아니라 세상으로부터 나온 것이기 때문이다.

“육체가 원하는 것” : **갈5:17-21절 (17)육체가 원하는 것은 성령을 거스르고, 성령이 원하시는 것은 육체를 거스른다**. 이 둘이 서로 대적하여, 너희가 바라는 것들을 하지 못하게 한다. **(18)그러나 너희가 성령에 의해 인도를 받으면,** 너희는 율법 아래 있지 않다. **(19)육체의 일들은 명백하니, 곧 음행과 더러움과 방종**과, **(20)우상 숭배와 마술과 원수 맺는 것과 다툼과 시기와 분노와 당 짓는 것과 불화와 이단**과, **(21) 질투와 술 취함과 방탕**과 또 이와 같은 것들이다. 전에 너희에게 경고한 것같이 지금도 경고하는데, **이런 일을 행하는 자들은 하나님의 나라를 상속받지 못할 것이다.**

“유혹의 욕심” : 엡4:19-24절 (22)너희는 **유혹의 욕심을 따라 썩어져 가는 구습을 좇는 옛 사람을 벗어 버리고 (23)너희 마음에 성령으로 새롭게 되어, (24)하나님을 따라 진리의 의와 거룩함으로 지으심을 받은 새 사람을 입어라.** 부연하면 **5: 1-7절 (2)**그리스도께서 우리를 사랑하시어 **우리를 위해 자신을 향기로운 제물과 희생 제물로 하나님께 내어 주신 것처럼 너희도 사랑 가운데 행하여라. (3)음행과 온갖 더러운 일과 탐욕의 말은 너희 중에서 입 밖에도 내지 마라.** 이것이 성도에게 합당한 일이다. **(4)더러운 말과 어리석은 말과 희롱의 말**은 마땅하지 않으니, 오히려 감사의 말을 하여라. **(5)**너희는 이것을 분명히 알아라. **음행하는 자나 더러운 일을 행하는 자나 탐심을 품은 자, 곧 우상 숭배자는 다 그리스도와 하나님의 나라에서 유업을 얻을 수 없다. (6)**아무도 헛된 말들로 너희를 속이지 못하게 하여라. 이것들 때문에 하나님의 진노가 불순종의 아들들에게 임한다. **(7)그러므로 너희는 그들에게 동참하는 자들이 되지 마라.**

“단장된 결과” 갈5:22-24절 (22)오직 성령의 열매는 사랑과 희락과 화평과 오래 참음과 자비와 양선과 충성과 **(23)**온유와 절제이다. 이러한 것들을 반대할 법이 없다. **(24) 그리스도 예수께 속한 자들은 육체와 함께 그 정욕과 욕심을 십자가에 못 박았다.**

[첼렘의 본질에서 타락한 형상]

보암직. 먹음직. 지혜롭게 할 만큼 탐욕의 타락

עַיִן:(아인) **눈**(보다).

"안목의 정욕" :-"바알 신앙"

קוֹף:(코프)**귀**

צַדִי:(차데)**코.** = צַדִּיק:(차디크)

"이생의 자랑의 정욕"
=악인: **"교만"**

성령을 부인하고 육신에 속한 형상의 귀

פֶּה:(페) **입.** =

שָׁ:(신)+ י:(요드)+ שׁ:(쉰)

거짓된 입, 미혹하는 입

"육신의 정욕" : 탐욕. 음란

"<u>청소가 되어져야 한다</u>" : 마12:43-45절 (43)더러운 귀신이 사람에게서 나갔을 때에 물 없는 곳으로 다니며 쉬기를 구하되 얻지 못하고 **(44)**말하기를 '내가 나왔던 내 집으로 되돌아가야겠다.' 하고, 그가 와서 보니, **<u>그 집이 비어 있고 깨끗이 청소되었으며 잘 정돈되어 있으므로</u>**, **(45)**그가 가서 자기보다 더 악한 영들 일곱을 데리고 와서 함께 거기에 들어가 살게 되니, 그 사람의 나중 상태가 처음보다 더 비참하게 된다. 이 악한 세대도 그렇게 될 것이다."

[첼렘 형상 회복 과정]

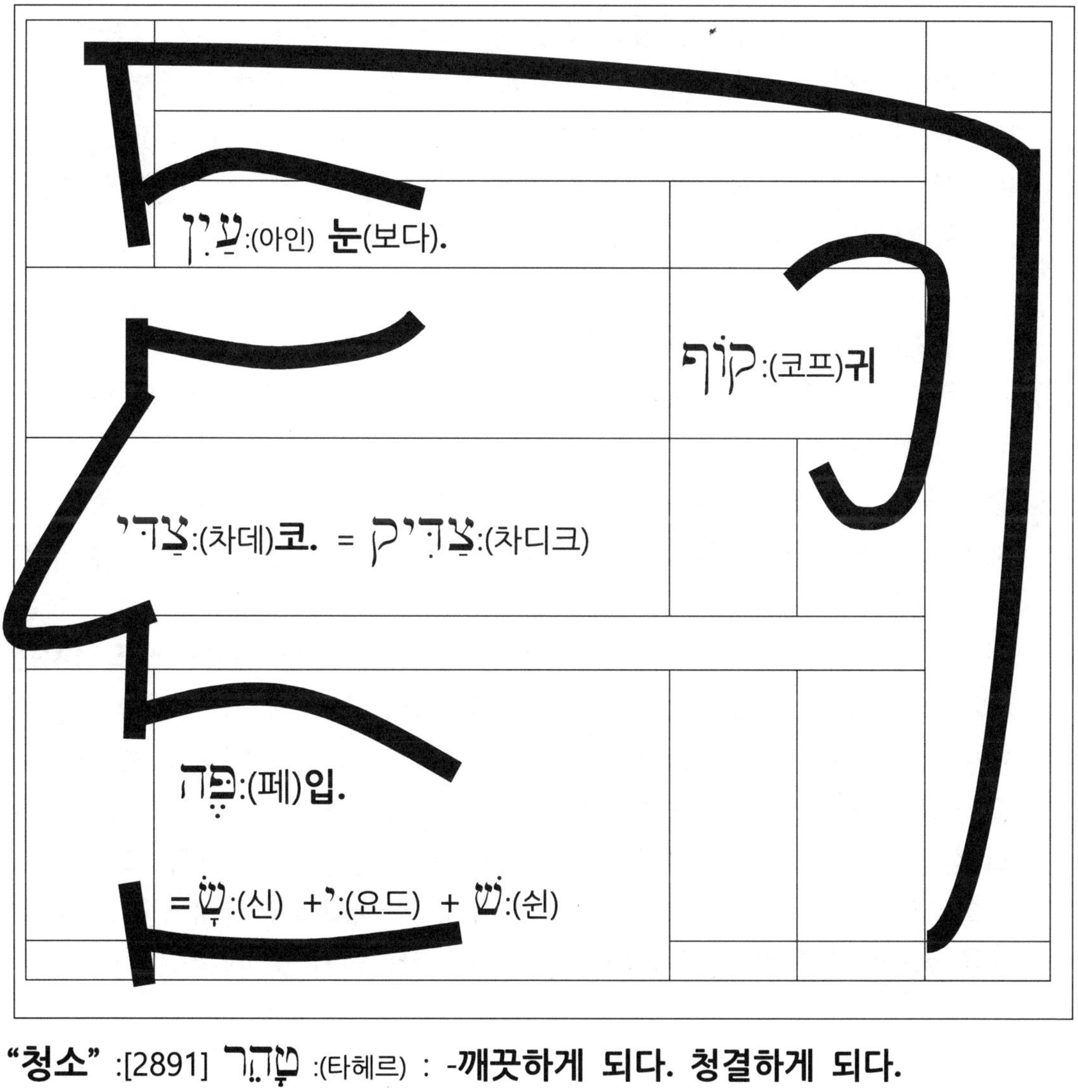

"청소" :[2891] טָהֵר :(타헤르) : -**깨끗하게 되다. 청결하게 되다.**

[청소(제거)되어야 할 것들]

청결한 상태 : 거룩한 첼렘 회복하기 전에 과거에 인본주의와 세속화된 교리와 지식과 육신적인 체험(자기 영의 경험적 체험의 소리)와 이디오스적인 신앙생활, 기복신앙, 샤마니즘, 번영 주의, 이념적 신념, 진리의 성령 충만함과 복음적 신령한 은사로부터 분별되어지는 것을 제외한 모든 것을 청결한 상태로 되어져야 **"첼렘을 회복할 거룩한 신부 단장을 시작할 상태가 준비된 것이다."** 제거할 것들은

1. 뱀의 유혹으로 범죄한 속성들 "보암직, 먹음직, 지혜롭게 할 탐욕들"

① **요일2:15-16절 (15)이 세상이나 세상에 있는 것들을 사랑하지 말라** 누구든지 세상을 사랑하면 아버지의 사랑이 그 안에 있지 아니하니 **(16)**이는 **세상에 있는 모든 것이 육신의 정욕과 안목의 정욕과 이생의 자랑이니 다 아버지께로부터 온 것이 아니요 세상으로부터 온 것이라.**

2. 죄악의 본질들을 청소하여야 한다.

① **시51편5절 내가 죄악 중에서 출생하였음이여 어머니가 죄 중에서 나를 잉태하였나이다.**

② **갈5:16-21절 (16)**내가 이르노니 **너희는 성령을 따라 행하라 그리하면 육체의 욕심을 이루지 아니하리라. (17)**육신은 성령을 대적하여 욕심을 부리고 성령은 육신을 대적하나니 이 둘이 서로 반대가 되므로 너희가 원하는 것들을 너희가 능히 하지 못하느니라. **(18)너희가 만일 성령의 인도하시는 바가 되면 율법 아래에 있지 아니하리라. (19)이제 육신의 행위들은 명백하니 이것들이라. 곧 간음과 음행과 부정함과 색욕**과 **(20)우상 숭배와 마술과 증오와 불화와 경쟁과 진노와 다툼과 폭동과 이단 파당과 (21)시기와 살인과 술 취함과 흥청댐과 또 그와 같은 것들이라.** 내가 또한 전에 너희에게 말한 것 같이 이것들에 대하여 미리 너희에게 말하노니 **그런 것들을 행하는 자들은 결코 하나님의 왕국을 상속받지 못하리라.**

3. ℵ님 아는 지식에 충만하라. -세상 지식, 인본주의 사상, 제거하라.

① **호4:1-2절 (1) ℵ님의 자녀들아** 여호와의 말씀을 들으라 여호와께서 이 땅 주민과 논쟁하시나니 **이 땅에는 진실도 없고 인애도 없고 하나님을 아는 지식도 없고 (2)그들이 맹세하고 거짓말하며 살인하고 도둑질하며 간음을 행함으로 터져서 피와 피가 닿는도다.**

② **ℵ님의 DNA 본질, 성질, 속성이 우리 안에 거하시도록 청소가 되어져야 한다.**

4. "나" 중심의 (이디오스) **바알의 삶을** (청소)**제거하라.**

① **엡4:22-32절 (22)**너희는 유혹의 욕심을 따라 썩어져 가는 구습을 따르는 옛 사람을 벗어 버리고 **(23)**오직 너희의 심령이 새롭게 되어 **(24)**하나님을 따라 의와 진리의 거룩함으로 지으심을 받은 새 사람을 입으라. **(25)**그런즉 거짓을 버리고 각각 그 이웃과 더불어 참된 것을 말하라 이는 우리가 서로 (예슈아)지체가 됨이라. **(26)**분을 내어도 죄를 짓지 말며 해가 지도록 분을 품지 말고 **(27)**마귀에게 틈을 주지 말라. **(28)**도둑질하는 자는 다시 도둑질하지 말고 돌이켜 가난한 자에게 구제할 수 있도록 자기 손으로 수고하여 선한 일을 하라. **(29)**무릇 더러운 말은 너희 입 밖에도 내지 말고 오직 덕을 세우는 데 소용되는 대로 선한 말을 하여 듣는 자들에게 은혜를 끼치게 하라. **(30)**하나님의 성령을 근심하게 하지 말라 그 안에서 너희가 구원의 날까지 인치심을 받았느니라. **(31)**너희는 모든 악독과 노함과 분냄과 떠드는 것과 비방하는 것을 모든 악의와 함께 버리고 (32)서로 친절하게 하며 불쌍히 여기며 서로 용서하기를 하나님이 메시야(그리스도) 예슈아 안에서 너희를 용서하심과 같이 하라.

[첼렘 회복을 위한 (청소 후 단장)준비]

겔43:10절 인자야 너는 이 **성전을 이스라엘 족속에게 보여서 그들이 자기의 죄악을 부끄러워하고 그 형상을 측량하게 하라.** 이 말씀은 하나님께서 거하실 성령의 전을 측량하라는 것이다. 그런데 성전을 측량하는데 **왜? "그 형상을 측량하게 하라."** 하셨는가?

"א님 명령하여 : צָוָה:(차바)"의 히브리어 단어의 뜻은 **א님의 형상으로 거듭나게 하는 생명의 말씀**이 **א님**께서 하시는 **명령**이기 때문이다. **א**님의 형상으로 회복한 거룩한 성전으로 건축되었기 때문에 측량하여야 하는 것이다. 측량하여 **א**님의 형상으로 회복이 부족한 자들은 새 예루살렘 성전으로 완성할 수가 없다.

엡1:3-10절 (4)곧 창세 전에 그리스도 안에서 우리를 택하사 우리로 **사랑 안에서 그 앞에서 그 앞에 거룩하고 흠이 없게 하시려고 (5)**그 기쁘신 뜻대로 **우리를 예정하사 예수 그리스도로 말미암아 자기의** (형상)**아들들이 되게 하셨다**.

엡2:15-22절 (쉬운)**(15)**유대인의 율법에는 너무나 많은 명령과 규칙이 있다. 그러나 예수님은 이러한 율법을 폐하셨다. 유대인과 이방인을 갈라놓던 율법을 없애심으로, 이 둘이 그리스도 안에서 하나가 되어 새사람이 되게 하셨다. 이로써 예수님은 우리의 평화가 되셨다. **(20)**성도들은 사도와 예언자들이 닦아놓은 기초위에 세워진 "하나님의 집이며, 그리스도 예수께서 친히 성전의 머릿돌이 되어 주셨다. **(21)**성전 전체가 그리스도 안에서 서로 연결하여 주님의 거룩한 성전으로 점점 자라갈 것이다. **(22)**여러분 역시 유대인들과 함께 그리스도 안에서 함께 성전으로 지어져 가고 있습니다. 성령을 통해서 하나님께서 친히 거하시는 성령의 전으로 지어져 가는 것이다.

살전5:23절(쉬운) 평안의 하나님께서 여러분을 깨끗하게 하셔서 하나님께 속한 자들로 지켜 주시며, 여러분의 온 몸과 영과 육신 모든 것을 우리 주 예수그리스도께서 다시 오실 그날까지 아무 흠도 없이 (단장)보전되기를 기도합니다.

계14:4절(쉬운) **(144,000명)**이들은 여자와 **더불어 죄를 짓지 않고, 자신을 깨끗하게 지킨 자들이다.** 그들은 어린양이 가는 곳이면 어디든지 따라가는 자들이며, **하나님과 어린 양께 첫** (순교)**제물로 바쳐진 이 땅의 사람들 가운데 구원받은 자들이다.**

신부 단장에 있어서 **7절기**는 어린양 신부 단장과 밀접한 관계가 있다. 이를 모르면 **다시오실 신랑 예수님을 영접할 때를 모르기 때문에 영접할 수 없다.** 그래서 **7절기**에 감춰진 비밀을 알고 때를 맞춰서 신랑 맞이할 신부단장을 하여야 한다.
"신부 단장 측면"에서 **7절기 계시**를 잘 깨달아야 그래야 **"공중 재림 때, 혼인잔치에 들려 올림"**과 **"마지막 두 증인"**으로 **"거룩한 신부"**로 단장하게 되는 것이다. 여기에 **"거룩한 신부 단장의 더욱 중요한 절기"**는 **"오순절 성취"**로 **"오메르 가운티"**의 결과의 거룩한 신부들의 **"공중 혼인 잔치"**가 이루어진다.

여호와의 절기는 예언적 달력이다. 이를 **"여호와의 때** :[מוֹעֵד:(드에모)]"라 한다.

[분해] מ:(멤)=**거듭나게하는 권능**[ו:(바브)거듭남. 변화- כ:(카프)권능.]+ ו:(바브)=**땅을 거듭나게 하심**[י:(요드가 땅에 내려오신 상형)]+ ע:(아인)=**성령의 검을 쥔 손**[ז:(자인) 무기. 도구- י:(요드)여호와의 손] + ד:(달렛)=**여호와의 진리의 문**[ר:(레쉬)진리. 근원- י:(요드)하나님의 권세] **: - <u>거듭나게 하시는 왕의 권능과 성령의 검으로 땅을 변화시켜서 진리의 문에 들어가게 하시는 때를 "여호와의 때"라 한다</u>.**

7절기의 의미를 먼저 설명하고 좀더 세부적으로 깊은 뜻을 살펴보았으면 한다.

 - 봄 절기 : 유월절, 무교절은 신부의 본질을 회복시키는 과정의 절기이다. 이를 위해서 하나님께서 친히 희생 제물이 되시고, 그 희생 제물을 신부들에게 먹도록 하여 **"<u>신부들의 본질인 첼렘(א님 형상) DNA 유전자까지 회복시키는 절</u>**

기이다."

: **초실절, 오순절**은 **"신부들의 본질인 첼렘**(א님 형상) **DNA 유전자까지 회복"**된 신부들은 가을 절기를 위한 준비로 **"첫 열매와 성령 충만의 권능**(첫째 부활과 증인)**"**으로 단장하는 절기이다. 이 **여름 절기**(오순절 성취)**준비**에 따라서 **가을 절기 결과**가 달라진다.

- **가을 절기 : 나팔절, 속죄절, 초막절,** 은 앞의 두 절기의 결과에 따라 가을 절기의 결과도 달라진다. 계시록의 **7**교회들에게 하신 동일한 마지막 권고의 말씀이 **"성령께서 하시는 말씀을 들을지어다."**라고 하셨는데 **오순절의 성취**를 이루지 못하면 **"7교회**(신부)**의 수장절 추수의 사역"**을 감당할 수 없기 때문이다. **"나팔절"**은 **마지막 7년 환란 시작**이다. 신랑이 혼인 잔치를 하려고 신부를 데리러 올 때 나팔을 불면서 오기 (유대인 결혼 풍습) 때문이다. 그러므로 신부가 신랑과 혼인을 단장하였다면 언약한 신랑의 음성을 분별하여야 혼인 잔치에 들어갈 수 있다.

※ [주(註)] **7년 환란 중 전 3년 반**은 속죄절로서 정결 과정이다. 하늘로 들려 올림을 위한 마지막 단장의 과정이라 할 수 있다. 이를 수장절이라 한다. 초막절의 의미는 **"남은 자들의 피난처"**를 의미하며, 이들은 **"휴거를 받지 못한 자들의 고난을 겪게 될 피난처로서 후 3년 반 끝날 때까지 초막절기로 지내게 된다.**(출애굽 광야 40년 단련 기간 계시)**"** 7절기를 좀 더 살펴본다.

[첼렘 신부 단장 과정 단어]

번호	단어	원어	내 용 해 석
1	지혜	חָכְמָה:(호크마)	숙련, 기술. 지혜. 슬기로움. 총명.
2	총명	תָּבוּן:(타분)	[여성] תְּבוּנָה:(테분나) 지식. 통찰. 명철. 분별력.
3	지식	דַּעַת:(다아트)	알다. 이해. 지성. [유래:3045] יָדַע:(야다) 알다. 동침
4	정복	כָּבַשׁ:(카바쉬)	복종시키다. 속박하다. 정복하다. 종속시키다.
5	성령	רוּחַ:(루하흐)	성령. 호흡. 기운. א님의 영(靈). 바람. 생명. 생령
6	형상	צֶלֶם:(첼렘)	그림자. 그늘지다. 형상. 우상. 의로움.
7	복	בָּרַךְ:(바라크)	무릎 꿇다. 찬양하다. 송축하다. 은혜를 받다.
8	생육	פָּרָה:(파라)	싹이 트다. 돋다. 자라다. 피어나다. 성장. 발육.
9	번성	רָבָה:(라바)	증가하다. 많아지다. 성장. 번성. 넘치다. 풍성.
10	충만	מָלֵא:(말레)	채우다. 가득하다. 충만. 만족. 풍족. 풍부. 이루다.

<신부 단장에서 제거되어야 할 속성들>			
11	바알	בַּעַל:(바알)	**① 지배. 통제. 소유. ② 주인. 남편. 주권자. ③ 우상**
12	육체	בָּשָׂר:(바샤르)	살. 몸. 고기. 육체. 육신. 온몸. 혈육.
13	음행	זָנוּן:(자눈)	간음. 우상숭배. 음욕. 음탕함. 색욕.
14	교만	גֵּאָה:(게아) =רוּם:(룸)	[원형] גָּאָה:(가아) 올라가다. 높아지다. 자고. 자랑. = 과시. 교만. 오만. 거만. 영광스럽게 하다.
15	분쟁	רִיב:(리브)	다투다. 싸우다. 시비하다. 언쟁하다. 논쟁하다.
16	시기	קָנָא:(카나)	질투. 부러워하다. 시기하다. 유별하다.
17	술수	כֶּשֶׁף:(케쉐프)	(복을)점술. 마법. 주술. 복술. 박수. 복점. 점치다.
18	이기적	שָׂבַע:(샤바)	만족하다. 배불리다. 흡족하게, 충족하게, 채우다.
19	가증	תּוֹעֵבָה:(토에바)	혐오스럽다. 질색. 부정하다. 미움 받다. 싫어하다.
20	술취함	שָׁתָה:(샤타)	취하다. 마시다. 방탕.
21	불신앙	אֲמִינִם אֵינְכֶם :(아미님-에네켐)	**א님을 "불신앙"** : -믿지 아니하다.
	청소	טָהֵר :(타헤르)	[원형] 빛을 비추다. 깨끗하게 되다. 청소되다.

[첼렘 회복 완성]

(나의 단장된 신부의 모습 그리기)

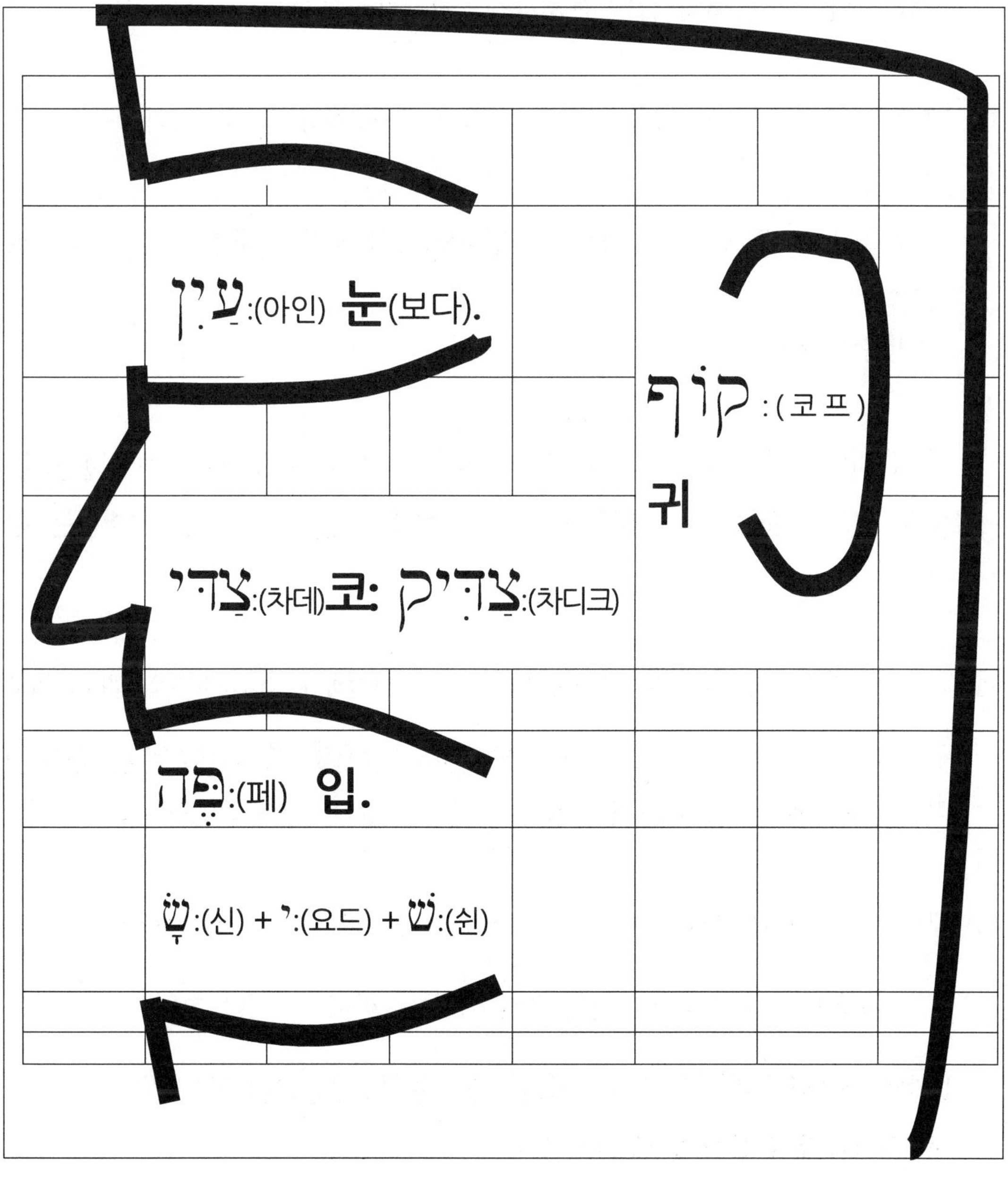

[첼렘 회복 완성 단어 해석]

① **"지혜"** **:**[2451] חָכְמָה:(마케호)=(마크호) : -곧 지혜와, of wisdom. =[호크마] (**א**님 거처)**<u>성막을 구성하는 말씀으로 살아있게 하는 권능을 지혜라 한다</u>**. = **"지혜의 말씀 은사 & 능력 행함 은사"**

② **"총명"** **:**[명·여단·접] וּבִינָה:(나비부)= [접] וּ:(부)-[**0998**] בִּינָה: (나비) :-알다. 지식. 명철.

= [거듭남 지식] -**<u>א님 거처될 물고기</u>**<u>(성도)</u>**<u>가 생명의 권세를 아는 지식이 총명이다</u>**.

= **"믿음의 은사"**

③ **"모략"** **:**[명·여단] [6098] עֵצָה:(차에) :-모략과 계교. 경영. 계획. =<u>(**א**님 계획) **보고, 알고 의(義)롭게 경영하는 삶을 모략이라 한다**</u>. = **"영들 분별하는 은사"**

④ **"재능"** **:**[명·여단·접] וּגְבוּרָה:(라부게부)= [접] וּ:(부)-[**1369**] גְּבוּרָה:(라부게) :-재능. 역량. 권능. 힘. 용기. and might. =**<u>겸손의 순종으로 자기를 죽이고</u>**<u>(못박고) (**א**님)</u>**<u>거처로 살아가는 진리를 재능이라 한다</u>**. =**"병 고치는 & 능력의 행함 은사"**

⑤ **"지식"** **:**[명·여단] [**1847**] דַּעַת:(트아다) : -지식. 지성. 이해. knowledge.

= [유래:3045] יָדַע:(다야) :알다. 깨닫다. 동침하다. 가까이 하다.

[분해] "[**3468**] יֵשׁוּעָה:(아슈예) :**<u>구원의</u>** <u>(예슈아)</u>**<u>그를 알다."가 지식이다</u>**.

= **"지식의 말씀 은사 & 예언의 은사"**

⑥ **“경외” :**[명·여단연·접] וְיִרְאַת:(트아르이베)= [접] וְ:(베)-[**3374**] יִרְאָה:(아레이) :-

경외하는 the fear. = **“구원을 위한 화목제물의 진리로 살아가는 행위를 경외라 한다.”** = “(기도와 찬송과 신령한 예배) **방언과 통역의 은사”**

⑦ **“번성” :**[7235] רָבָה:(바라) : -증가하다, 풍성하다, 크다, 많다, 확대하다

⑧ **“정복” :**[3533] כָּבַשׁ:(카바쉬) : -짓밟다, 종속시키다, 정복하다,

복종시키다, 억압하다

⑨ **“생육” :**[6509] פָּרָה:(파라) : -열매를 맺다, 결실하다, 생육하다, 무성하다

⑩ **“충만” :**[4390] מָלֵא:(말레) : -채우다, 가득하다, 거룩하게 하다,

무장하다, 만족하다, 완성하다

[히브리어 주기도문]

(9): אָבִינוּ שֶׁבַּשָּׁמַיִם. יִתְקַדֵּשׁ שְׁמֶךָ (10): תאב מַלְכוּתֶךָ יֵעָשֶׂה

세아예 카테쿠루말 보타 카메세 쉬다카트이 임마샤밧세 누비아
이루어지다. 당신 나라가 임하시며 이름이 거룩히 여김을 하늘에 계신 우리 아버지
(아버지) 받으시며

רְצוֹנְךָ כְּמוֹ בַשָּׁמַיִם כֵּן בָּאָרֶץ אָשׂ

사아 츠레아바 켄 임마샤바 모케 카네초레
이루어지다. 땅에서 ~에서 하늘에서 ~같이 당신의 뜻이

(11) אֶת-לֶחֶם חֻקֵּנוּ תֶּן לָנוּ הַיּוֹם (12) ·וּסְלַח־לָנוּ אֶת

트에 누라 흐라살부 용이하 누라 텐 누케훅 헴레 -트에
주시고 우리에게 용서하여 날마다 우리 에게 일용할 양식(빵) 주시고

חֹבוֹתֵינוּ כַּאֲשֶׁר סָלַחְנוּ גַּם־אֲנַחְנוּ לְחַיָּבֵינוּ

누이베야하레 누흐나아 감 누흐라살 르세아카 누이테보호
우리 죄를 용서 우리의 서로 우리 죄를 ~에게 한 우리가 죄를
원하나이다. 같이 것 같이 용서

(13) וְאַל־תְּבִיאֵנוּ לִידֵי נִסָּיוֹן כִּי אִם־חַלְּצֵנוּ מִן

민 누차르할 임 키 욘샤낫 이데리 누이비테 할베
~부터 구원을 보라 다만 시험에 (손) 우리가 하게 마시옵고
~에서 들게 ~의하여 (하지 않게)

חָלָה כִּי לְךָ הַמַּמְלָכָה וְהַגְּבוּרָה וְהַתִּפְאֶרֶת לְעוֹלְמֵי

메르올레 트레페티핫베 라부그하베 카라물마함 크레 키 라할
영원히 그의 권세와 영광이 그의 나라와 그의 대개 악에서

עוֹלָמִים אָמֵן

멘아 :다 이루다. 멤르올 :무궁하도록